나라를 지킨 호랑이 장군들

《나라를 지킨 호랑이 장군들》은
초등학교 교과서의 이런 단원과 관련이 깊어요.

4학년 2학기 국어
5. 정보를 모아 〈장보고〉

6학년 1학기 국어
5. 마음을 나누며
　　(2) 나눔과 어울림

6학년 2학기 국어
2. 살며 배우며
　　(2) 여러 갈래의 길

2학년 2학기 바른 생활
3. 아름다운 우리나라

6학년 1학기 사회
1. 우리 민족과 국가의 성립
　　(1) 하나로 뭉친 겨레
　　(2) 민족을 다시 통일한 고려
　　(3) 유교를 정치의 근본으로 삼은 조선
3. 대한민국의 발전
　　(1) 나라를 되찾기 위한 노력
　　(2) 대한민국의 수립과 발전

오십 빛깔 우리 것 우리 얘기 ⑭

우리누리 글 • 이용규 그림

주니어중앙

추천의 말

어린이가 꿈을 키우는 터전

꿈 많은 어린 시절엔 장대한 역사와 위대한 문화유산에 관한
책을 읽는 것이 좋다.
거기에는 어린이가 꿈을 키우는 터전이 있기 때문이다.
감수성 예민한 어린 시절엔 흥미로운 그림을 통하여
재미있게 이야기를 풀어간 책이 좋다.
그것은 시각적 인식을 통해 어린이의 상상력을 자극하기 때문이다.
『오십 빛깔 우리 것 우리 얘기』는 이런 필요조건을 갖춘
고급 어린이 교양도서라 할 만한 것이다.

유홍준
(전 문화재청장, 현 명지대 교수,
『나의 문화유산 답사기』 저자)

이 책을 추천해 주신 선생님들

● 전래놀이, 풍속과 관련된 수업에 활용하고 있습니다. 옛 풍속과 관련해서 요즘에는 잘 사용하지 않는 용어들이 있어서 아이들이 어려워하는데, 이 책에는 사진 자료와 함께 쉽고 정확하게 설명이 되어 있어 아이들이 이해하기 쉽게 되어 있습니다.
― 손영수 선생님(가사초등학교)

● 아이들이 우리의 전통문화를 쉽게 접할 수 있도록 도움을 주는 소중한 자료입니다. 우리 학교의 독서 퀴즈 대회에서 매년 사용하는 책이랍니다.
― 성주영 선생님(도당초등학교)

● 우리의 옛 풍습과 문화, 관혼상제 등에 대해 자세히 설명되어 있어 수업을 하기 전에 미리 읽어 오라고 하는 도서입니다.
― 전은경 선생님(용산초등학교)

● 우리의 문화와 역사를 초등학생들이 이해하기 쉽도록 재미있는 옛이야기로 풀어낸 점이 가장 마음에 듭니다. 초등 교과와 연계된 부분이 많아 학교 수업에 많이 활용하는 도서입니다.
― 한유자 선생님(삼일초등학교)

김임숙 선생님(팔달초)	조윤미 선생님(화양초)	이경혜 선생님(군포초)	염효경 선생님(지동초)
오재민 선생님(조원초)	박연희 선생님(우이초)	박혜미 선생님(대평중)	이진희 선생님(수일초)
최정희 선생님(온곡초)	정경순 선생님(시흥초)	박현숙 선생님(중흥초)	김정남 선생님(외동초)
이광란 선생님(고리울초)	김명순 선생님(오목초)	신지연 선생님(개포초)	심선희 선생님(상원초)
문수진 선생님(덕산초)	정지은 선생님(세검정초)	정선정 선생님(백봉초)	김미란 선생님(둔전초)
김미정 선생님(청덕초)	조정신 선생님(서신초)	김경아 선생님(서림초)	김란희 선생님(유덕초)
정상각 선생님(대선초)	서흥희 선생님(수일중)	윤란희 선생님(안산시근로자시민문화센터어린이도서관)	

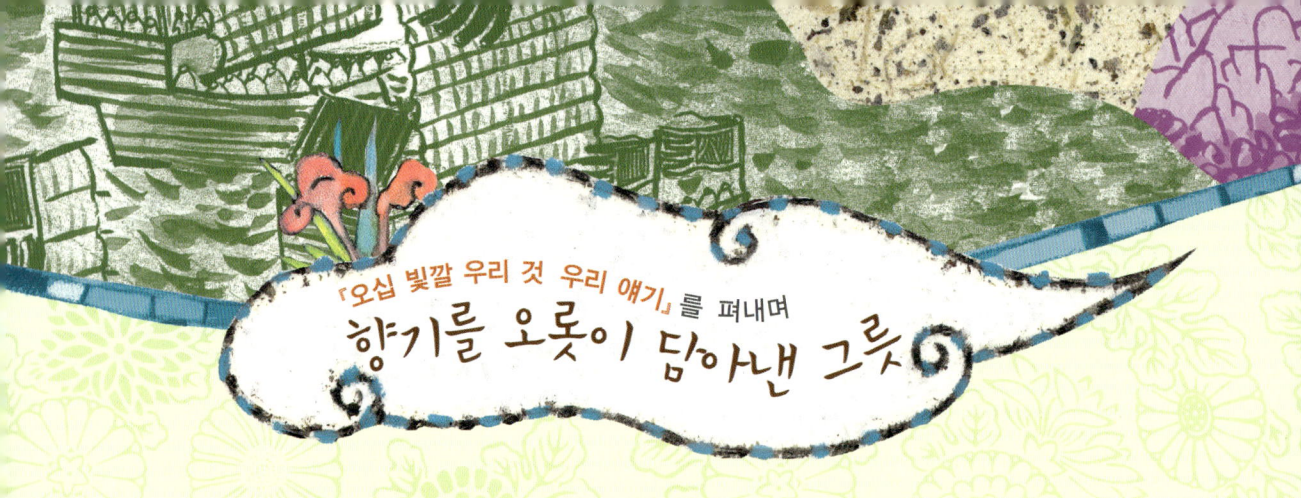

『오십 빛깔 우리 것 우리 얘기』를 펴내며
향기를 오롯이 담아낸 그릇

　『오십 빛깔 우리 것 우리 얘기』 시리즈가 처음 출간된 지 어느덧 16년이 되었습니다. 그동안 수많은 어린이와 부모님, 그리고 선생님들의 사랑을 받으며 전 50권이 완간되었고, 어린이 옛이야기 분야의 고전(古典)이자 스테디셀러로 굳건히 자리매김해 왔습니다.

　이 시리즈는 '소중히 지켜야 할 우리 것'에 대한 이야기를 어린이를 위해 '쉽고 재미있게' 풀어쓴 책입니다. 내용으로는 선조들의 생활과 풍습 이야기, 문화재와 발명품 이야기, 인물과 과학기술·예술작품 이야기, 팔도강산과 고유 동식물 이야기 등 우리나라 역사와 전통문화 모든 영역을 총망라하고 있습니다. 그리고 이를 50가지 주제로 엮어 저학년 어린이도 얼마든지 볼 수 있도록 맛깔나는 옛이야기로 담아냈습니다. 장대한 역사와 위대한 문화유산을 배우기에 옛이야기만큼 좋은 형식도 없기 때문입니다.

　대한민국 국민으로서 알아야 하고 전해야 할 우리 것, 우리 얘기는 아주 많습니다. 그동안 이 시리즈를 통해 많은 어린이가 우리 것을 알게 되고, 우리 얘기를 사랑하게 되었을 것입니다. 시간이 흘러도 역사와 전통문화의 향기는 변하지 않기 때문입니다.

하지만 저희는 그 향기를 담아내는 그릇이 그간 색이 바래고 빛을 잃었다는 사실에 가슴이 아프고 안타까웠습니다. 그래서 책에서 전하는 우리 것의 향기를 오롯이 담아낼 수 있는 새로운 그릇을 찾고자 하였습니다. 그 그릇을 통해 향기가 더욱 그윽해지고 멀리까지 퍼져서 수백 년, 수천 년 전의 우리 것이 오늘날에도 살아 숨 쉴 수 있도록 생명력을 주고자 하였습니다.

이에 몇 가지 원칙을 가지고 『오십 빛깔 우리 것 우리 얘기』 시리즈를 새롭게 출간하게 되었습니다.

◎ 원작이 가지는 옛이야기의 맛과 멋을 그대로 살렸습니다.
◎ 요즘 독자들의 감각에 맞추어 디자인과 그림을 50권 전권 전면 개정하였습니다.
◎ 교과 학습의 길잡이가 될 수 있도록 연계 교과를 표시하였습니다.
◎ 학습정보 코너는 유익함과 재미를 함께 줄 수 있도록 4컷 만화, 생생 인터뷰, 묻고 답하기 등으로 내용을 재구성하였고, 최신 정보와 사진을 수록하였습니다.
◎ 도표, 연표, 역사신문, 체험학습 등으로 권말부록을 풍성하게 꾸며서 관련 교과 학습을 강화하였습니다.

이 책을 처음 읽었을 8살 꼬마 독자는 지금쯤 나라와 민족에 긍지를 가진 25살 자랑스러운 대한민국 청년이 되었을 것입니다. 그 청년이 부모가 되어서도 자녀에게 다시 권할 수 있는 그런 책이 되기를 바라며, 이 시리즈를 오십 빛깔 그릇에 정성껏 담아 내어놓습니다.

2010년 가을 주니어중앙

글쓴이의 말

누구든지 나라를 지킬 수 있어요

우리는 늘 숨을 쉬고 살아가지요. 숨을 쉬려면 꼭 공기가 있어야 해요. 우리에게 나라는 이런 공기 같은 존재예요. 나라가 있기 때문에 마음 놓고 웃고 뛰어놀며 공부할 수 있으니까요.

가끔 텔레비전이나 신문에서 나라가 없어 이곳저곳으로 떠도는 사람들의 이야기를 볼 수 있어요. 우리는 그런 모습을 볼 때마다 '저 사람들은 참 불쌍하구나.'라고 생각하곤 해요. 그런데 우리나라도 불과 60여 년 전에는 일본에 나라를 빼앗겨 나라 없는 서러움을 당하며 살아야 했어요. 우리나라에서 나오는 곡식 대부분을 일본이 가져가 버렸기 때문에, 농사를 아무리 열심히 지어도 죽을 끓여 먹지 못할 정도였지요.

하지만 그 당시 우리나라에는 김좌진 장군과 안중근 의사처럼 나라를 되찾기 위해 애쓴 사람들이 아주 많았어요. 그분들은 자신의 목숨을 아끼지 않고 나라를 위해 용감히 싸우다 명예롭게 죽어 갔어요. 오늘날

　우리나라가 지금처럼 잘살 수 있게 된 것도 모두 그런 분들 덕이지요.

　그런데 빼앗겼던 나라를 찾는 것도 중요하지만 나라를 빼앗기지 않는 것은 더욱 중요해요. 그럼 어떻게 해야 나라를 빼앗기지 않을 수 있을까요? 그건 바로 우리가 나라를 사랑하는 마음을 변함없이 지킬 때 가능해요.

　을지문덕, 서희, 이순신, 안용복처럼 나라를 지키겠다는 강한 마음만 있으면 돼요. 싸움을 얼마나 잘하느냐보다는 끝까지 나라를 지키겠다는 마음이 먼저이니까요. 이런 마음은 나이가 많건 적건 혹은 힘이 세건 세지 않건 누구나 가질 수 있는 거예요.

　무섭다고요? 걱정하지 마세요. 이 책에 나오는 열 명의 장군들 이야기를 읽고 나면 그런 용기는 자연스럽게 솟아날 테니까요.

　　　　　　　　　　　　　　　　　　어린이의 벗 우리누리

차례

수나라 대군을 지혜로 물리친 을지문덕 12
백두 낭자·한라 도령의 역사 인물 인터뷰
살수 대첩의 영웅을 만나요 22

고구려 땅을 크게 넓힌 광개토대왕 24
백두 낭자·한라 도령의 역사 인물 인터뷰
왕 중의 왕을 만나요 34

황산벌의 영웅 계백 36
백두 낭자·한라 도령의 역사 인물 인터뷰
백제의 마지막 영웅을 만나요 46

해적을 물리친 바다의 왕자 장보고 48
백두 낭자·한라 도령의 역사 인물 인터뷰
바다 위의 무역왕을 만나요 58

말솜씨로 80만 거란군을 물리친 서희 60
백두 낭자·한라 도령의 역사 인물 인터뷰
외교의 달인을 만나요 70

- 몽골에 맞서 끝까지 싸운 **삼별초** 72
  백두 낭자·한라 도령의 역사 인물 인터뷰
  대몽 항쟁의 상징을 만나요 82

- 임진왜란을 승리로 이끈 **이순신** 84
  백두 낭자·한라 도령의 역사 인물 인터뷰
  불멸의 영웅을 만나요 94

- 울릉도와 독도를 지킨 **안용복** 96
  백두 낭자·한라 도령의 역사 인물 인터뷰
  조선의 민간 외교관을 만나요 106

- 민족의 원수를 죽인 **안중근** 108
  백두 낭자·한라 도령의 역사 인물 인터뷰
  일본인도 존경한 민족의 영웅을 만나요 118

- 항일 독립운동의 큰 별 **김좌진** 120
  백두 낭자·한라 도령의 역사 인물 인터뷰
  봉오동 전투의 영웅을 만나요 130

부록 교과가 튼튼해지는 우리 것 우리 얘기 132
연표로 만나는 호랑이 장군들

수나라 대군을 지혜로 물리친

을지문덕

612년, 백만 명이나 되는 수나라 군사들이 고구려 요동성을 향해 몰려왔어요.

"큰일 났습니다. 엄청난 숫자의 수나라 군사들이 지금 쳐들어오고 있습니다."

국경을 수비하던 군사가 헐레벌떡 뛰어 들어와 이 사실을 알렸어요. 고구려의 영양왕과 신하들은 모두 깜짝 놀랐지요. 중국의 수나라는 땅이 넓을 뿐 아니라 힘도 무척 센 나라였거든요.

"우리 고구려의 힘만으로는 수나라를 상대할 수 없습니다."

"그렇습니다. 일찌감치 항복하는 게 좋을 것 같습니다."

신하들은 한결같이 수나라를 이길 수 없으니 항복하자고 했어요. 신하들의 얘기를 들은 영양왕은 걱정이 태산 같았지요.

"안 됩니다. 싸워 보기도 전에 항복할 순 없습니다."

그때 누군가가 다른 신하들을 제치고 영양왕 앞에 나섰어요. 바로 을지문덕 장군이었지요.

"우리 고구려 사람들은 예부터 용맹하기로 이름이 높습니다. 수나라가 아닌 다른 어떤 나라가 쳐들어온다고 해도 절대로 물러설 수 없습니다. 또한 요동성은 워낙 튼튼해서 그리 쉽게 무너지지 않을 것입니다."

을지문덕은 고구려에서 가장 뛰어난 장군이었지요. 마침내 영양왕은 을지문덕을 믿고 수나라와 싸울 것을 명령했어요.

을지문덕이 이끄는 고구려 군사들은 요동성을 단단히 지켰어요. 그래서 단 한 명의 수나라 군사도 요동성 안으로 발을 들여 놓지 못했지요.

수나라 군사들의 대장이었던 우중문은 을지문덕이 지키고 있는 한 요동성을 무너뜨리기 어려울 것이라는 사실을 깨달았어요. 그래서 우중문은 잘 훈련된 수나라 군사 30만 명을 고구려의 평양성에 보냈어요. 을지문덕이 지키고 있지 않은 평양성을 먼저 손에 넣으려는 계략이었지요. 이 소식을 들은 을지문덕은 재빨리 평양성으로 달려갔어요. 을지문덕은 어떻게 해야 수나라 군사들을 물리칠 수 있을지 곰곰이 생각해 보았어요.

'힘만 가지고는 수나라 군사들을 이기기가 쉽지 않다. 그렇다면 수나라 군사들이 지쳐 싸울 힘이 없어질 때까지 기다리자.'

을지문덕은 우중문이 싸움을 걸어올 때마다 져 주는 척하며 살수를 건너오게 하였어요. '살수'는 평안도 청천강의 옛 이름이에요. 수나라 군사들이 살수를 다 건너오자 을지문덕은 평양성 안으로 들어가 성문을 꼭 닫아걸었어요.

시간이 흐를수록 평양성 밖의 수나라 군사 중에는 지치고 배고파 쓰러지는 사람이 많아졌어요. 우중문은 점점 불안해졌지요. 이대로 계속 있다가는 싸우기도 전에 군사들이 모두 굶어 죽을 것 같았거든요.

이때다 싶어 을지문덕은 우중문에게 편지를 보냈어요.

"그대의 뛰어난 재주는 하늘과 땅이 다 알아줄 것이다. 싸움마다 이긴 공이 높으니 이제 만족하고 돌아가는 게 어떠한지."

그것은 우중문의 싸움 솜씨를 칭찬하는 글이었어요. 을지문덕은 고구려가 수나라에 항복하는 것처럼 꾸몄어요. 그뿐만 아니라 앞으로는 고구려가 수나라를 섬기며 곡식과 금은보화도 보내겠다고 썼지요.

"하하하. 을지문덕이 이제야 우리 수나라의 위력을 알았나 보군. 모두 수나라로 돌아가자."

우쭐해진 우중문이 기다렸다는 듯이 군사들에게 수나라로 돌아갈 것을 명령했어요. 군사들은 편안한 마음으로 짐을 꾸렸지요.

그런데 수나라 군사들이 막 발길을 돌리려 할 때였어요.

"이때다. 수나라 군사들을 공격해라!"

을지문덕이 고구려 군사들에게 일제히 공격 명령을 내렸어요.

곧바로 평양성 문이 열리며 수나라 군사들을 뒤쫓는 고구려 병사들의 우렁찬 말발굽 소리가 들렸지요. 고구려 군사들은 사방에서 창과 활을 들고 수나라 군사들을 공격하기 시작했어요.

"아차! 을지문덕에게 속았구나."

그제야 우중문은 을지문덕에게 속은 것을 알았지요. 을지문덕은 수나라 군사들이 마음을 놓고 있는 틈을 이용해 공격을 퍼부으려 했던 거예요.

고구려 군사들에게 정신없이 쫓겨 달아나던 우중문과 수나라 군사들은 어느덧 살수에 이르렀어요. 그리고 모두 배를 타고 도망가기 위해 강가에 모였어요.

"장군님, 이상합니다. 배가 한 척도 보이지 않습니다."

"뭐라고?"

우중문은 너무 놀라 입이 다물어지지 않았어요. 강을 건널 때 타고 왔던 배들이 흔적도 없이 사라져 버렸던 거예요.

그런데 어떻게 배들이 전부 사라져 버렸을까요? 그것은 바로 을지문덕이 수나라 군사들이 도망가지 못하도록 미리 부숴 버렸기 때문이에요.

"강물이 깊지 않다. 강을 건너 도망가자!"

어디에선가 수나라 군사 한 명이 큰 소리로 외쳤어요. 그 소리에 군사들이 강을 바라보니 분명히 깊어야 할 살수의 강물이 왠지 얕아 보였어요.

수나라 군사들은 고개를 갸우뚱거리면서 강물에 다리를 집어넣어 보았어요.

"어? 강물이 발목까지밖에 차지 않잖아."

"정말이네. 이젠 살았다. 강물을 건너 도망가자!"

그때였어요. 강가에 숨어 있던 고구려 군사들이 수나라 군사들에게 활을 쏘아 댔어요. 빗줄기 같은 화살들이 수나라 군사들의 머리 위로 떨어졌지요. 앞뒤 생각할 틈이 없어진 수나라 군사들은 너나 할 것 없이 강을 건너가기 시작했어요.

이윽고 30만 명의 수나라 군사들이 강 한가운데에 이르렀어요. 강가에 서서 이 모습을 지켜보고 있던 을지문덕은 고구려 군사들에게 마지막 공격 명령을 내렸어요.

"지금이다! 막았던 수문을 열어라."

"와! 수나라 군사들을 고기밥이 되게 하자."

고구려 군사들은 강 상류에 미리 쌓아 놓았던 둑을 무너뜨렸어요. 그러자 갑자기 산보다도 큰 물살이 쏟아져 내려왔지요.

'콰과과광! 콰광!'

하늘이 무너지는듯한 소리가 울렸어요. 수나라 군사들은 순식간에 불어난 강물에 놀라 비명을 질러 댔지요. 강물은 수나라 군사들을 모조리 삼켜 버릴 것 같았어요.

30만 명의 수나라 군사들은 강물에 휩쓸려 떠내려가며 살려 달라고 소리 질렀어요. 강물에 휩쓸려 간 수나라 군사들은 대부분 물에 빠져 죽었지요. 30만 명의 수나라 군사 중 살아서 도망간 숫자는 겨우 2천7백여 명뿐이었어요.

을지문덕은 힘만 믿고 쳐들어왔던 수나라를 뛰어난 지혜로 보기 좋게 물리친 거예요.

"와! 와! 수나라 군사들을 모조리 무찔렀다."

"고구려 만세! 을지문덕 장군 만세!"

살수에서의 싸움은 고구려에 큰 승리를 안겨 주었어요. 그 후 수나라는 더 이상 고구려를 넘보지 못했어요. 결국 수나라는 고구려와 싸우느라 국력이 약해져 당나라에 의해 망하고 말았지요. 고구려를 빼앗으려다가 오히려 나라를 잃어버리고 만 거예요.

 백두 낭자·한라 도령의 역사 인물 인터뷰

살수 대첩의 영웅을 만나요

 을지문덕 장군님, 수나라는 중국의 넓은 땅을 차지하고 있었잖아요. 그런데 왜 고구려에 쳐들어왔나요?

 옛날에는 강한 나라일수록 더 많은 땅을 가지려고 했어요. 그러다 보니 땅을 넓히기 위해 다른 나라의 땅을 빼앗기도 했답니다. 수나라도 마찬가지였어요. 중국 땅만으로는 마음이 흡족하지 않았던 거지요.

 정말 욕심이 많군요. 수나라는 네 번이나 고구려에 쳐들어왔다고 하던데, 정말인가요? 네 번의 싸움에서 누가 이겼나요?

 598년 수나라 왕 문제가 30만 명의 군사를 이끌고 고구려를 공격해 왔어요. 하지만 고구려는 수나라의 공격에 끄떡도 하지 않았어요. 오히려 수나라는 군사들만 잃고 중국 땅으로 도망치기에 바빴지요. 이렇게 해서 첫 번째 싸움은 고구려의 승리로 끝났어요.

용감한 을지문덕 장군처럼 우리나라를 튼튼히 지켜주는 '을지문덕함'이에요.

612년, 수나라는 다시 고구려에 쳐들어왔어요. 당시 수나라 왕은 문제의 아들인 양제였어요. 양제는 아버지가 고구려에 진 것을 창피하게 생각하고 있었어요. 그래서 군사를 113만 명이나 이끌고 공격해 왔지요. 또 양제는 고구려에 쳐들어갈 때 사용할 무기를 실어 나르기 위해 땅 위에 커다란 물길을 뚫고, 3백 척이나 되는 배도 새로 만들었답니다.

와, 엄청난 규모네요! 정말 놀라워요. 하지만 지금의 청천강인 살수에서 을지문덕 장군님이 수나라 군사들을 멋지게 물리치셨잖아요!

그래요. 결국 이 싸움도 고구려의 승리로 끝났어요. 그 후에도 수나라는 무리해서 두 번이나 더 고구려에 쳐들어왔어요. 물론 그때마다 수나라는 군사들을 잃고 도망치기에 바빴답니다.

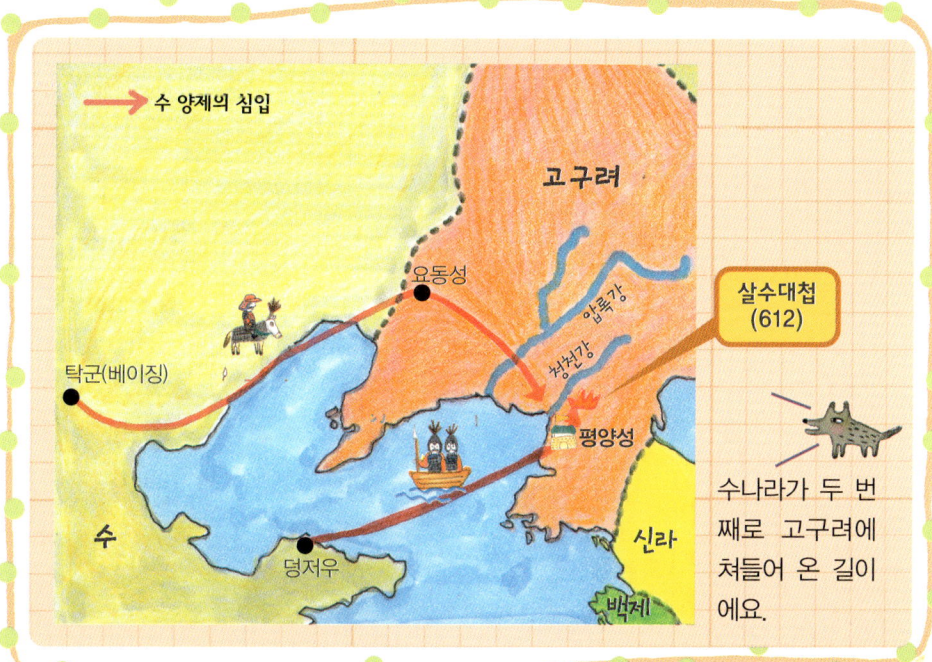

고구려 땅을 크게 넓힌
광개토대왕

"호랑이다! 성 안에 호랑이가 나타났다!"

성 안은 사나운 호랑이를 피해 도망 다니는 사람들로 갑자기 시끌시끌해졌어요. 궁궐에 있던 담덕 왕자는 사람들의 고함을 듣고 서둘러 밖으로 나갔어요.

"호랑이가 나타났다고? 모두 방 안으로 들어가 피하라!"

담덕은 돌아가신 왕으로부터 물려받은 활을 집어들고 호랑이를 쫓아갔어요. 성문 쪽에서 호랑이의 으르렁거리는 소리가 들려왔지요. 담덕이 성문 앞에 도착하자 호랑이는 담덕을 노려보며 앞발을 치켜들었어요.

하지만 담덕은 당황하지 않았어요. 천천히 활시위를 당겨 호랑이를 겨냥했어요.

"성 안까지 와 사람들을 괴롭히다니. 자, 내 화살을 받아라!"

다음 순간 담덕을 향해 달려오던 호랑이가 앞으로 푹 고꾸라졌어요. 담덕의 화살이 호랑이를 정확히 맞췄던 것이지요.

"와! 담덕 왕자가 호랑이를 잡았다."

성 안의 사람들은 환호성을 지르며 기뻐했어요.

호랑이를 활로 쏘아 죽인 이 용감한 담덕 왕자는 누구일까요? 이 분이 바로 고구려의 광개토대왕이에요. '광개토'는 '국토를 넓히다'라는 뜻이에요. 고구려의 영토를 크게 넓혔기 때문에 붙여진 이름이지요.

광개토대왕이 고구려의 왕이 되기 전에는 다른 나라가 싸움을 걸어오는 일이 많았어요. 광개토대왕의 할아버지인 고국원왕 때에는 중국의 연나라가 고구려의 목저성

까지 쳐들어온 적도 있었지요.

 연나라는 광개토대왕의 할머니를 비롯한 5만 명이나 되는 고구려 사람들을 잡아갔어요. 또 돌아가신 고구려 왕의 무덤을 파헤치고 금은보화도 빼앗아 갔지요.

 광개토대왕은 그때의 일을 늘 가슴에 담고 있었어요. 그래서 언젠가는 꼭 연나라를 무찌르고 잃어버린 요동 땅을 되찾으리라 다짐하곤 했지요.

 광개토대왕이 왕의 자리에 오르고 11년째가 되던 해였어요. 연나라가 고구려에 다시 쳐들어왔어요. 광개토대왕은 이 기회에 연나라를 혼내 주리라 생각했지요.

 광개토대왕은 고구려 군사들을 이끌고 연나라의 숙군성을 향해 달려갔어요.

 "이랴! 연나라의 숙군성을 향해 돌격하라!"

 광개토대왕은 힘차게 말을 달렸어요. 갑옷을 입고 머리에 투구를 쓴 광개토대왕은 그 어느 때보다도 씩씩해 보였어요.

 "와, 와! 고구려의 옛 땅을 되찾자."

 말을 달리는 광개토대왕의 뒤를 따르며 고구려 군사들이 함성을 질렀어요.

광개토대왕은 연나라를 공격한 지 20일 만에 빼앗겼던 신성과 남소성을 되찾았어요. 이제 눈앞에 보이는 요하만 건너면 연나라의 숙군성이 있었어요.

"임금님, 강을 건널 수 있는 배와 뗏목이 한 척도 없습니다."

"요하는 물살이 거칠어서 헤엄쳐 건널 수가 없습니다."

광개토대왕의 곁에 있던 군사들은 안 되겠다는 듯이 고개를 절레절레 흔들었지요. 하지만 광개토대왕은 곧 좋은 꾀를 생각해 냈어요. 대왕은 싸움도 잘했지만 머리도 아주 좋았거든요.

"그렇다면 연나라의 배를 가져오도록 하자. 각 부대에서 수영을 잘하는 군사들을 뽑도록 해라. 그리고 너희는 배를 가지러 갈 군사들이 강을 건널 때 타고 갈 뗏목을 만들도록 해라."

밤이 되자 뗏목이 완성되었어요. 수영을 잘하는 군사들이 광개토대왕 앞에 서서 명령을 기다리고 있었지요.

"이제 이 뗏목을 타고 몰래 강을 건너라. 연나라의 배들이 보이거든 닻줄을 자르고 여기 있는 밧줄을 뱃머리에 묶어라. 그동안 우리는 횃불을 들고 잔치를 벌여 적의 관심을 끌고 있겠다."

군사들이 뗏목을 타고 떠나자 광개토대왕은 곧 횃불 놀이를 시작했어요. 연나라 군사들은 무슨 일인가 싶었지요. 밤하늘에 갑자기 웬 불덩이들이 둥둥 떠다녔으니까. 연나라 군사들은 고구려 군사들의 횃불 놀이를 구경하느라 경비를 소홀히 하게 되었어요.

이때를 틈탄 고구려 군사들은 뗏목에서 내려 살금살금 연나라 배들이 있는 곳으로 헤엄쳐 갔어요. 그리고 광개토대왕의 지시대로 닻줄을 자르고 들고 간 밧줄로 뱃머리를 묶었지요.

마침내 모든 일을 마친 고구려 군사들이 광개토대왕에게 신호를 보냈어요.

"밧줄을 끌어당겨라!"

광개토대왕의 명령이 떨어지자마자 고구려 군사들은 힘껏 밧줄을 끌어당겼어요. 그러자 밧줄에 묶인 연나라 배들이 고구려 군사들 쪽으로 끌려왔지요. 광개토대왕의 작전이 성공한 거예요.

다음 날 아침이 되자 광개토대왕과 고구려 군사들은 연나라 배를 타고 유유히 요하를 건너갔어요. 강을 건넌 광개토대왕은 곧장

숙군성을 향해 쳐들어갔지요.

그런데 연나라의 모용귀는 숙군성 문을 굳게 닫고 나오지 않았어요. 고구려군이 지칠 때까지 꼼짝도 않고 기다릴 속셈이었지요.

"음……, 성 안으로 들어가는 물줄기를 모두 막아라. 그리고 연나라 군사들이 물을 길러 밖으로 나올 때 공격한다."

광개토대왕은 숙군성 안의 연나라 병사들이 목이 말라 참을 수 없게 될 때까지 기다렸어요.

그렇게 며칠이 지났어요. 성문이 살짝 열리더니 연나라 군사 몇 명이 물통을 들고 밖으로 나왔어요. 광개토대왕은 이를 놓칠세라 재빨리 공격 명령을 내렸지요.

"지금이다. 성문을 부수고 숙군성 안으로 공격해 들어가라!"

광개토대왕과 고구려 군사들은 숙군성 안으로 물밀듯이 쳐들어갔어요. 고구려 군사들은 연나라에 잡혀갔던 고구려인들의 원수를 갚기 위해 더욱 용감히 싸웠지요.

결국 광개토대왕은 연나라군을 무찌르고 숙군성을 무너뜨리는 데 성공했어요. 마침내 어릴 적의 결심을 실천한 것이지요.

"드디어 원수 연나라를 무찔렀다!"

"와! 고구려 만세!"

이번 싸움으로 고구려는 연나라에 잠시 빼앗겼던 요동 지방까지 되찾게 되었어요. 또 광개토대왕은 백제를 밀어내고 한강 유역의 땅까지 차지했지요. 이렇게 해서 고구려는 한반도는 물론이고 만주 일대에서 가장 강한 나라가 되었어요.

국토를 넓히는 데 큰 업적을 세운 광개토대왕은 백성들을 사랑하는 마음 또한 깊었어요. 그래서 광개토대왕은 2년 동안 절을 아홉 개나 지었어요. 계속되는 전쟁에 시달린 고구려 백성들의 마음을 부처님의 말씀으로 달래 주기 위해서였지요.

땅이 많아지자 고구려 사람들은 자연히 부자가 되었어요. 거기에다 농사도 아주 잘 되어 고구려 거리에는 흥겨운 노랫소리가 끊이지 않았지요.

　그래서 광개토대왕을 '영락대왕'이라고도 불렀어요. '영락'은 '오래도록 즐겁다'라는 뜻이거든요. 지금도 광개토대왕의 비석에는 '나라를 크게 넓히고 백성들을 평안하게 다스린 위대한 왕'이란 글이 적혀 있다고 해요.

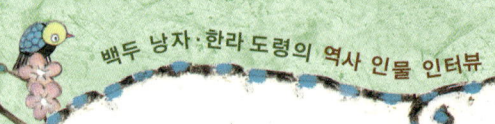

백두 낭자·한라 도령의 역사 인물 인터뷰

왕 중의 왕을 만나요

 광개토대왕님! 이름이 정말 멋지세요. '땅을 크게 넓히다'라는 뜻이잖아요. 물론 영락대왕이란 이름도 좋지만 말이죠.

하하하! 고마워요. 우리 고구려는 북쪽으로는 연나라, 남쪽으로는 백제와 바다 건너 일본까지 뻗어 나갔어요. 내 아들인 장수왕 때가 되어서는 고구려의 땅이 최고로 넓었지요.

 그게 다 대왕님이 고구려를 강한 나라로 키워 내신 덕분이지요. 장수왕께서는 대왕님의 크나큰 업적을 세상에 널리 전하고자 대왕님 무덤 옆에 비석도 세우셨잖아요.

 광개토대왕릉비 말이군요. 그 비석은 지금 중국 지린성 지안현에 있어요. 비석에는 내가 만주에서 한강 유역에 이르는 땅을 차지하기까지의 과정이 1,775자의 글로 적혀 있어요. 높이 6.39미터, 넓이 2미터로 이 세상에서 가장 큰 비석이랍니다.

광개토대왕릉비는 우리에게 고구려의 역사를 설명해 주는 중요한 역사 자료예요.

와, 정말 대단해요. 대륙을 호령했던 고구려의 웅대한 기상이 전해지는 것 같아요. 그런 비석을 후손들이 돌보지 않아 오랫동안 버려졌었다니, 정말 부끄러운 일이에요.

나도 안타까워요. 특히 비석에는 '광개토대왕이 신라에 쳐들어온 일본군을 무찔렀다'는 문장이 있어요. 그런데 몇 글자가 비와 바람에 씻기어 알아보기 힘들어졌어요. 이를 틈타 일본 학자들이 이 문장을 '일본이 신라와 백제를 일본 땅으로 만들었다'라고 거짓으로 해석했지요. 심지어 비석에 가짜로 글자를 새겨 넣기까지 했다니…….

최근에는 중국이 고구려 역사를 자기네 역사라고 우기고 있어요. 하지만 이렇게 광개토대왕릉비가 찬란했던 고구려의 역사를 증명해 주고 있는데, 어림없는 말이지요!

다시는 그런 일이 없도록 어린이 여러분이 민족의 뿌리인 우리 역사를 잘 지켜주길 부탁해요.

장수왕 때 고구려는 만주와 한강 지역을 모두 차지했어요.

황산벌의 영웅
계백

"**다른 나라의 종이 되느니** 아버님 손에 죽겠습니다."

"흑흑. 여보, 우리 가족은 모두 당신 뜻에 따르겠어요."

계백 장군의 가족들은 소리 죽여 흐느껴 울었어요. 계백의 꾹 다문 입술 사이로 '끙' 하고 무거운 한숨 소리가 새어나왔어요.

"부디 이 아비를 용서해라. 나라 없이 사는 것보다는 지금 죽는 게 나을 것이다."

계백은 허리에 찬 칼집에서 천천히 칼을 빼냈어요. 긴 칼을 머리 위로 높이 치켜든 계백은 눈을 질끈 감았어요.

"나라를 위해 끝까지 싸워 주십시오, 아버님."

"잘 가거라, 아들아. 이야!"

계백의 눈에서는 눈물이 솟았어요. 부인과 자식을 죽이고 싸움터에 나가야 하는 계백의 가슴은 찢어질 듯이 아팠어요. 하지만 계백은 있는 힘껏 말을 달려 황산벌로 향했어요.

660년, 백제의 의자왕은 나라는 돌보지 않고 사치스러운 생활에만 빠져 있었어요. 그래서 백제의 힘은 점점 약해져 가고 있었지요. 그 기회를 틈타 신라가 중국의 당나라와 힘을 합쳐 백제에 쳐들어왔던 거예요. 백제의 앞날이 바람 앞의 등불처럼 매우 위태롭게 된 것이지요.

황산벌에는 5만 명이나 되는 신라 군사들이 백제를 치기 위해 모여 있었어요. 반면에 백제의 군사는 겨우 5천 명밖에 되지 않았어요. 이렇게 적은 수의 군사로는 백제가 싸움에서 질 것이 분명한 일이었지요.

'5천 명의 백제 군사로 신라와 당나라군을 이길 수는 없겠지. 하지만 내 뼈를 황산벌에 묻는 한이 있어도 끝까지 싸워 백제의 기상을 보여 주겠다.'

계백의 굳은 결심은 흔들리지 않았어요. 5천 명의 백제 군사들도 죽기를 각오하고 싸우기로 맹세했지요.

"계백 장군은 가족들까지 죽이고 싸움터에 나오셨다. 이 싸움에서 지는 것은 신라에 백제를 내주는 것과 마찬가지다."

"우리 부모와 형제들을 신라 사람의 발밑에 꿇어 엎드리게 할 수는 없다."

드디어 계백의 명령에 따라 백제 군대는 신라 군대를 향해 돌격했어요.

"와! 신라군을 무찌르자. 백제를 지키자!"

백제 군사들은 손에 든 창을 높이 흔들었어요. 백제 군사들의 함성이 황산벌에 쩌렁쩌렁 울렸어요. 백제 군사들은 목숨을 아끼지 않고 신라군과 맞서 싸웠어요. 신라 군사의 창에 찔려 죽는 순간까지도 나라의 이름을 불렀지요.

"으윽……. 백제 만세!"

계백과 백제 군사들은 신라와 싸워 네 번이나 승리를 거두었어요. 백제 군사들의 사기는 하늘을 찌를 듯이 높아 갔지요.

백제 군사가 많지 않은 것을 알고 우습게 생각하던 신라의 장군들은 무척 당황했어요. 백제군의 공격이 만만치 않았기 때문이지요. 게다가 신라 군사들은 악착같이 달려드는 백제 군사들이 두려워 싸움에 나가려고도 하지 않았어요.

그때 신라에는 품일이라는 장군이 있었어요. 품일 장군에게는 관창이라는 아들이 있었지요. 열여섯 살의 관창은 어른 못지않게 씩씩하고 용감한 신라의 화랑이었어요.

어느 날 품일이 관창을 불러 이야기했어요.

"관창아, 백제의 계백 장군과 군사들을 당해 내기가 어렵구나. 네가 목숨을 걸고 싸워서 나라의 은혜에 보답하거라."

"예, 아버님. 신라를 위해서라면 기꺼이 죽겠습니다."

품일과 마지막 인사를 나눈 관창은 그 길로 백제군을 향해 뛰어들었어요.

"백제군은 내 칼을 받아라!"

백제 군사 세 명이 눈 깜짝할 사이에 관창의 손에 쓰러졌어요. 하지만 관창 혼자의 힘으로 백제 군사를 모두 쓰러뜨릴 수는 없었어요. 마침내 관창은 백제군에게 붙잡혀 계백 앞으로 끌려갔지요.

계백은 나이 어린 관창을 보고 깜짝 놀랐어요. 그는 어린 소년이 자기 나라를 위해 목숨을 아끼지 않은 기특한 마음에 크게 감동을 하였지요. 그래서 계백 장군은 관창이 비록 적이었지만 목을 벨 수 없었어요.

"신라에도 너같이 용기 있는 소년이 있었구나. 내 한 번은 용서해 줄 터이니 돌아가서 훌륭한 인물이 되어라."

계백은 관창을 타일러 신라군에 되돌려 보냈어요. 그런데 품일은 말 위에 묶여 온 관창을 보자 크게 꾸짖었어요. 백제군에 잡혔다가 살아 돌아온 관창을 쳐다보려고도 하지 않았어요.

관창은 다시 백제군에 뛰어들었어요. 그러나 얼마 못 가 다시 백제군에게 잡히고 말았지요.

계백은 이번에는 할 수 없이 관창의 목을 베게했지요.

"너를 더는 살려 둘 수가 없구나. 그렇지만 너의 용맹함은 잊지 않고 기억하마!"

계백은 관창의 목을 말에 매달아 신라군에 보냈어요. 그러자 관창의 용기에 힘을 얻은 신라군이 백제군을 향해 총공격해 왔어요.
"와! 관창을 죽인 백제군을 쳐부수자."
"관창의 원수를 갚자!"
신라군이 몰려오자 계백도 공격 명령을 내렸지요.
"물러서면 죽음뿐이다. 마지막에 남는 한 사람까지 싸워라. 이 싸움에서 지면 백제의 앞날은 없다!"

"와! 신라군을 무찌르자. 백제를 지키자!"
이 싸움은 이틀 동안 계속되었어요.
백제군과 신라군 모두 죽을힘을 다해 싸웠지요. 양쪽 다 많은 군사가 다치거나 죽어 갔어요. 그러나 신라 군사들은 예전처럼 쉽게 물러서지 않았어요.

그러는 사이 백제 군사들은 열 배나 되는 신라 군사들의 손에 차례로 쓰러져 갔어요. 황산벌은 백제 군사들의 피로 온통 붉게 물들었지요.

백제군의 맨 앞에서 지휘를 하던 계백도 신라 군사의 창에 맞고 말았어요. 곧 계백이 쥐고 있던 칼이 땅바닥에 굴러떨어졌어요.

"으, 분하다. 백제……, 만세!"

결국 계백은 황산벌에서의 싸움을 마지막으로 숨을 거두었어요. 계백의 뒤를 이어 나머지 백제 군사들도 끝까지 신라군과 싸우다 죽어 갔지요.

결국 황산벌 싸움은 신라의 승리로 돌아갔어요. 그리고 계백이 그렇게도 지키고자 했던 조국 백제는 마침내 신라의 손에 망하고 말았지요.

그렇지만 마지막 순간까지 나라를 위해 싸운 계백과 백제 군사들의 정신은 우리의 마음속에 길이 전해질 거예요.

백두 낭자·한라 도령의 역사 인물 인터뷰

백제의 마지막 영웅을 만나요

계백 장군님, 장군님과 5천 명의 백제 군사들이 나라를 지키기 위해 목숨을 바쳤던 황산벌은 지금의 어디인가요?

황산벌은 지금의 충청남도 논산시 연산면 지역이에요. 백제 군사들의 피로 붉게 물들었던 황산벌에 지금은 곡식들이 무럭무럭 자라고 있지요.

백제는 한때 고구려와 신라를 위협하던 힘 있는 나라였어요. 일본에 학문과 문화를 전파하기도 했고요. 그런데 왜 삼국 중 가장 먼저 멸망했나요?

백제의 마지막 왕은 의자왕이에요. 나라가 평안하다고 여긴 의자왕은 술과 여자에 빠져 나랏일을 돌보지 않았어요. 그러자 정치와 사회가 어지러워졌지요. 그 사이 신라는 힘을 기르며 호시탐탐 백제를 공격할 기회만 엿보고 있었어요. 그런데 신라는 혼자 힘으로는 백제를 이길 수 없다고 생각했어요. 그래서 당나라와 힘을 합쳐 백제를 공격해 왔던 거지요.

충청남도 논산시 부적면에 있는 계백 장군의 무덤이에요.

아! 그게 바로 '나당연합군'이군요. 역사책에서 본 기억이 나요. 그때 당나라 장군 소정방이 이끄는 당나라군이 배를 타고 와 백제의 수도 사비성까지 쳐들어 왔잖아요.

맞아요. 의자왕은 나당연합군이 고구려를 공격할 것으로 생각해 방어 준비를 하지 않았어요. 뒤늦게 공격 목표가 백제라는 것을 알고 서둘러 전쟁 준비를 했지만……. 슬프게도 때는 이미 늦었지요.

그런 상황에서도 물러서지 않고 끝까지 신라군과 맞서 싸운 장군님은 정말 대단해요. 나라를 사랑하는 마음이 무엇인지 알 수 있을 것 같아요.

나당연합군이 백제를 공격해 온 길이에요. 계백 장군의 혼이 묻힌 황산벌을 찾아보세요.

해적을 물리친 바다의 왕자

장보고

"이 게으른 신라 녀석들, 밥값은 해야 할 것 아니야!"

당나라 상인들이 몽둥이를 휘두르며 아이들의 등을 때렸어요. 아이들은 눈물을 뚝뚝 흘리며 서럽게 엄마를 불러 댔어요.

'아니, 저 애들이 나와 같은 신라 사람이란 말인가?'

마침 길을 가고 있던 장보고는 상인들을 가로막고 몽둥이를 빼앗아 들었어요. 그러자 상인들이 장보고에게 달려들어 몽둥이를 다시 빼앗으려 했지요.

"난 무령군 소장이다. 왜 이렇게 어린 애들을 때리는 거냐?"

"예? 아이고, 잘못했습니다. 제가 잘 모르고 그만……."

무령군 소장은 당나라의 장군을 부르던 벼슬 이름이에요. 그제야 장보고를 알아본 상인들은 이마가 땅에 닿도록 절을 했어요.

"애들아, 나도 신라 사람이란다. 너희가 왜 이렇게 울고 있는지 나한테 말해 보아라."

상인들의 눈치를 살피던 아이 하나가 울먹이며 말했어요.

"흑흑. 저는 바닷가 마을에 살았어요. 그런데 어느 날 밤중에 갑자기 험상궂은 얼굴을 한 사람이 방 안에 뛰어들어 왔어요. 그 사람에게 주먹으로 머리를 맞고 정신을 잃었는데……, 깨어나 보니 큰 배 안이었어요. 배 안에서 며칠을 굶으며 여기에 도착했어요."

신라 아이들은 당나라 해적들한테 강제로 끌려왔던 거예요. '해적'은 배를 타고 바다에 나와 나쁜 짓을 하는 사람들이지요.

그 당시에 신라는 나라가 어지러웠어요. 당나라 해적들은 이 틈을 타서 바닷가에 사는 신라 사람들을 못살게 굴었던 거예요.

아이들의 이야기를 들은 장보고의 얼굴은 벌겋게 달아올랐어요. 가슴 속에서 불덩이 같은 것이 활활 타오른 것 같았지요.

"애들아, 나와 함께 신라로 돌아가자. 이제부턴 내가 너희를 지켜 주마."

아이들은 서로 얼싸안고 펄쩍펄쩍 뛰며 기뻐했어요. 당나라 상인들은 아무 말도 못 하고 그 모습을 지켜보는 수밖에 없었지요.

신라로 돌아온 장보고는 곧바로 흥덕왕을 찾아갔어요. 흥덕왕은 신라의 제42대 임금이에요.

"임금님, 당나라엔 해적들에게 잡혀가 고생하는 우리 신라 사람이 많습니다. 저에게 군사를 주시면 해적들을 무찌르겠습니다."

"오! 참으로 장한 생각이다. 당장 군사들을 데리고 해적과 맞서 싸우도록 하라."

흥덕왕의 허락을 받은 장보고는 군사들과 함께 청해로 향했어요. '청해'는 전라남도 완도의 옛날 이름이지요.

청해에 도착한 장보고는 제일 먼저 해적과 맞서 싸울 배를 새로 만들었어요. 얼마 후 수십 척의 배가 만들어졌어요.

장보고는 곧이어 군사들의 훈련에 힘을 쏟았어요. 군사들에게 창과 활을 잘 다루는 법과 물속에서 숨을 오랫동안 참는 법, 힘을 적게 들이고 빨리 수영하는 법 등을 빠짐없이 가르쳤지요.

또 군사들을 배에 태우고 직접 바다로 나가기도 했어요. 바다에서도 땅 위에서와 다름없이 싸울 수 있는 훈련을 시키기 위해서였지요. 싸움에 쓸 창과 화살촉도 잘 닦아 두었고요.

이렇게 해서 청해는 신라의 든든한 해군 기지가 되었어요. 그래서 군대가 머무르는 곳을 가리키는 '진' 자를 붙여 청해진이라고 불리게 되었지요.

그러던 어느 날 장보고가 부하들과 해적을 물리칠 계획을 짜고 있을 때였어요. 군사 한 명이 다급하게 소리쳤어요.

"해적선이다. 당나라 해적선이 이쪽으로 오고 있다!"

이 소리를 들은 장보고는 자리를 박차고 일어섰어요. 드디어 해적들을 물리칠 기회가 온 거예요. 장보고는 수십 척의 배와 군사들을 거느리고 해적선을 향해 출동했어요.

"해적들의 배를 한 척도 남기지 말고 물속에 가라앉혀라!"

"와! 와!"

장보고와 신라 군사들은 단숨에 해적선을 에워쌌어요.

"불화살을 쏴라. 해적들이 도망가지 못하게 하라!"

신라 군사들은 해적들을 용감하게 무찌르기 시작했어요. 신라군의 공격이 계속되자 불화살을 맞은 해적선들이 하나 둘 바닷속으로 가라앉았어요. 겁을 먹은 해적들은 살려 달라고 애원하기에 바빴지요.

장보고가 사로잡은 해적들을 밧줄로 꽁꽁 묶어 청해로 돌아가려 할 때였어요. 한 군사가 장보고에게 보고했어요.

"장군님, 군산에도 해적선이 나타났다고 합니다."

"알았다. 즉시 군산으로 배를 저어라!"

장보고가 서둘러 군산에 도착했을 때는 해적들이 신라 사람들을 붙잡아 막 떠나려던 찰나였어요.

"저기 큰 배에 해적들의 우두머리가 있다. 뱃머리를 저 배에 갖다 붙여라!"

장보고가 군사들에게 명령했어요.

해적선에 올라탄 장보고는 단숨에 해적 두목을 붙잡았어요. 해적들은 두목이 붙잡히자 더는 힘을 쓰지 못하고 우왕좌왕했지요. 해적들을 모두 붙잡은 장보고는 신라 사람들을 풀어 주고, 해적들이 훔쳤던 물건도 주인한테 되돌려주었어요.

그 뒤 장보고는 바다를 건너와 신라 사람들을 괴롭히는 일본 해적들도 혼쭐을 내서 쫓아 버렸어요.

얼마 안 가 장보고의 소문은 온 나라 안에 쫙 퍼졌어요. 신라 사람들은 너나 할 것 없이 장보고를 칭찬했지요.

그 뒤 당나라와 일본의 해적들은 감히 신라 바다에 얼씬도 못했어요. 멀리서 장보고라는 소리만 들어도 바람같이 도망가기에 바빴으니까요.

장보고는 해적들이 없어지자 청해진에서 당나라의 물건과 일본의 물건을 사고팔게 했어요. 그래서 청해진은 많은 상인으로 발 디딜 틈이 없을 정도로 큰 무역항이 되었지요.

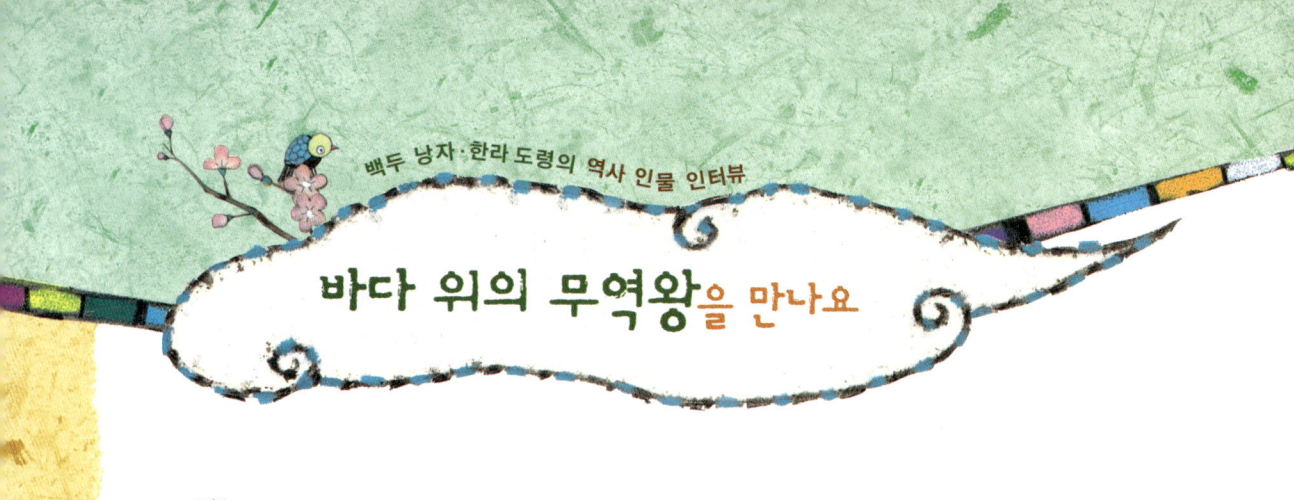

바다 위의 무역왕을 만나요

백두 낭자·한라 도령의 역사 인물 인터뷰

와! 장보고 장군님. 장군섬 높은 곳에 올라와 보니 바다 멀리까지 한눈에 볼 수 있어요. 왜 이곳에 청해진을 만드셨는지 짐작이 가요.

지금의 전라남도 완도의 장좌리와 죽청리 자리에 청해진이 있었어요. 특히 이곳 장군섬은 해적을 물리치는 데 큰 역할을 한 곳이지요. 장군섬은 앞이 확 트여서 해적들을 감시하기가 쉬웠어요. 게다가 바닷물이 깊어 배들이 오고 가기에도 편리했고요. 또 태풍이 불어와도 안전하게 피할 수 있는 장소였지요. 그래서 난 해적을 물리치기에 가장 좋은 장소로 이곳을 선택했던 거예요.

청해진 앞의 바닷길을 지나는 배들은 장군님의 허락을 받고서야 지날 수 있었다면서요? 바다의 왕자 장보고 장군님의 위력이 정말 대단했나 봐요.

전라남도 완도에 있는 장군섬(장도)의 모습이에요.

그런데 장군님이 해적을 물리친 후, 청해진은 중국, 일본과 물건을 사고파는 무역항이 되었다고 배웠어요. 당시에는 나라와 나라 사이에 어떤 물건들이 오갔는지 궁금해요.

신라 상인들은 베, 인삼, 금·은 세공품 등을 팔았어요. 당나라에서는 비단, 책, 사치품 등을 가져왔지요. 청해진의 인기는 대단해서 신라와 당나라, 일본의 물건들은 모두 그곳을 거쳐 갔어요. 그뿐만 아니라 멀리에 있는 아라비아와 인도의 물건들도 청해진을 통해 신라와 일본으로 팔려나갔지요.

와, 아라비아와 인도의 물건까지 사고팔 수 있었다니! 청해진은 나라와 나라를 이어 주는 중요한 바닷길이자, 국제적인 무역항이었군요. 이렇게 세계 여러 나라와 무역을 할 수 있었기 때문에 통일 신라의 문화가 더욱 찬란하게 발전할 수 있었나 봐요.

신라 시대 장보고의 무역선이 누비던 바닷길이에요.

말솜씨로 80만 거란군을 물리친

서희

우리나라에는 전쟁터에 나가 용감히 싸워 나라를 구한 장군들이 많이 있어요. 그런가 하면 다른 나라와 칼과 총으로 싸우지 않고 전쟁에서 이긴 사람도 있어요. 바로 서희 장군처럼 말이지요. 어떻게 그럴 수 있느냐고요? 지금부터 들려주는 이야기를 잘 들어 보세요.

고려 성종 임금 때의 일이에요. 993년에 거란의 대군이 고려에 쳐들어왔어요. 중국의 송나라와 사이가 좋지 않던 거란은 고려가 송나라와만 친하게 지내자 화가 났던 거예요.

거란의 장군 소손녕은 80만 명의 대군을 이끌고 고려를 공격해 왔어요. 소손녕은 곧바로 압록강을 넘어 고려의 봉산군을 빼앗았지요.

"고려가 살 길은 우리 거란에 항복하는 길뿐이다."

소손녕은 의기양양하게 고려 조정에 얘기했어요.

고려에서는 평안도 지방에 군사를 내보내 거란군을 막게 했어요. 성종도 서경으로 와 군사들을 위로해 주었지요. '서경'은 지금의 평양이에요.

그런데 워낙 거란군의 군사가 많고 물러날 기색이 없자 성종은 막막하기만 했어요.

"군사를 이끌고 거란에 항복하는 것이 나을 듯합니다. 임금님은 개경으로 돌아가십시오."

"차라리 서경 이북의 땅을 거란에 내주고, 고려의 국경선을 황주에서 자비령까지로 하심이 어떨까 합니다."

신하들은 하나같이 거란에 땅을 내주자고 했어요. 성종도 할 수 없이 신하들의 뜻에 따르기로 했지요.

"가슴 아픈 일이지만 서경 이북의 땅을 거란에 내주는 수밖에 없을 것 같소. 이제 서경의 쌀 창고를 풀어서 백성들에게 쌀을 나눠 주도록 하시오."

"어째서 쌀을 백성들에게 나눠 주라 하십니까?"

신하들이 의아해서 성종에게 아뢰었어요.

"그래야 거란군이 들어와서 그 쌀을 먹지 못할 것 아니겠소?"

신하들은 그제야 고개를 끄덕이고 백성들에게 쌀을 나누어 주었어요. 그래도 창고에는 여전히 많은 쌀이 남았어요.

성종은 어쩔 수 없이 신하들에게 명령했어요.

"남은 쌀은 모두 대동강에 버리도록 하시오. 우리 쌀을 거란의 군사들이 먹게 할 수는 없소."

이때 잠자코 있던 서희가 성종에게 아뢰었어요.

"안 됩니다. 먹을 것이 충분해야 성을 지킬 수 있고 싸움에도 이길 수 있습니다. 때를 기다려서 기회를 잘 이용하면 우리가 이길 수도 있을 것입니다. 더욱이 쌀은 백성들이 살아가는 데 가장 필요한 곡식입니다. 거란군이 먹게 되는 한이 있더라도 쌀을 버려서는 안 됩니다."

서희의 간곡한 이야기에 성종은 곧 쌀을 버리라고 한 명령을 거두어들였어요.

"지금 거란은 고구려의 옛땅을 빼앗겠다고 마음먹고 있습니다. 그런데 선뜻 서경 이북의 땅을 내주시는 것은 옳지 않습니다. 그렇게 되면 거란은 계속해서 고려에 점점 더 많은 땅을 달라고 할 것이 틀림없습니다."

"그대의 말이 맞도다. 그럼 그대는 다른 방법이 있단 말인가?"

"제가 거란의 소손녕을 만나 담판을 짓고 오겠습니다."

"오호! 서희 그대가……."

'담판'이란 의견이 다른 두 사람이 만나 말로써 옳고 그름을 따지는 것이에요. 서희는 소손녕을 직접 만나 힘이 아닌 말로써 설득해 보겠다는 뜻이었지요. 성종과 신하들은 홀로 소손녕을 만나겠다는 서희의 말에 감격했어요.

마침내 서희는 굳은 결심을 품고 거란군이 있는 압록강 근처에 도착했어요. 그리고 곧바로 소손녕을 찾아갔지요.

부하로부터 서희가 왔다는 이야기를 전해 들은 소손녕은 거만하게 말했어요.

"신하가 왕에게 절을 할 때는 아래에서 하는 것이 마땅하다. 고려의 서희는 뜰에 엎드려 나에게 절을 하라."

참으로 어처구니없는 얘기였어요. 하지만 서희는 소손녕의 이런 억지소리를 점잖게 타일렀지요.

"신하가 왕에게 절을 할 때에는 마땅히 그래야 하는 줄로 안다. 그러나 지금은 거란의 신하와 고려의 신하가 나라의 큰일을 얘기하고자 하는 것이다. 그러므로 서로 똑같은 위치에서 인사를 하는 것이 옳다."

그리하여 서희와 소손녕은 한자리에 마주 앉아 담판을 짓게 되었어요. 소손녕이 먼저 거란이 고려에 쳐들어오게 된 이유에 대해 말했어요.

"고려는 신라 땅에서 일어났고 고구려의 옛땅 중 일부는 우리 거란이 차지하고 있소. 그런데 고려는 우리가 가진 고구려의 옛땅을 자꾸 빼앗으려 하였소. 게다가 고려는 우리 거란과 국경을 접하고 있으면서도 송나라만 섬기니 이를 가만 놔둘 수가 없소. 그러니 고구려의 옛땅을 거란에 넘기고, 곡식과 재물을 바치면 무사할 수 있을 것이오."

그러자 서희가 재빨리 소손녕의 말을 받아 이야기했어요.

"그것은 잘못된 생각이오. 고려는 고구려의 옛땅을 이어받아 생겨난 나라요. 그래서 나라 이름도 고려라 했고, 고구려의 수도였던 평양도 고려에서는 '서쪽의 수도'라는 뜻에서 서경이라 부르고 있소. 고려의 말과

의복도 고구려와 매우 비슷하오. 지금 거란의 수도인 동경도 실은 고구려의 땅이었소. 그러니 오히려 고려 땅에 거란이 들어와 있는 것과 마찬가지요."

서희는 한 치의 떨림도 없이 당당하게 말을 이어 갔어요.

"또 압록강 주변의 땅도 고려의 땅이지만 여진족이 몰래 빼앗아 살고 있소. 우리는 그 여진족 때문에 길이 막혀 거란과 왕래하지

못한 것뿐이오. 만약 우리가 여진족을 몰아내고 고구려의 옛땅을 다시 찾게 된다면 왜 거란과 사이좋게 지내지 않겠소?"

서희의 말을 들은 소손녕은 할 말이 없었어요. 서희의 말은 어디 한 군데도 틀린 데가 없었거든요. 소손녕은 서희의 이런 거침없는 말솜씨에 감탄하고 말았어요.

소손녕은 거란의 왕에게 서희의 말을 그대로 전했어요. 거란의 왕도 서희의 이야기가 옳다고 생각했지요. 마침내 거란의 왕은 소손녕에게 싸움을 그만두고 돌아오라고 명령했어요.

서희의 말솜씨에 반한 소손녕은 돌아가려는 서희를 붙들고 큰 잔치를 열어 주었어요. 또 선물로 말 백 마리와 양 천 마리, 그리고 비단 5백 필까지 주었지요.

서희는 거란과 고려 사이의 싸움을 뛰어난 말솜씨로 막은 거예요. 이 소식을 들은 고려의 성종은 신하들을 이끌고 나와 돌아오는 서희를 따뜻하게 맞아 주었어요.

나중에 서희는 압록강 부근의 여진족을 몰아내고 강동 6주를 쌓아 고려의 국경을 더욱 튼튼히 했답니다.

외교의 달인을 만나요

 서희 장군님! 거란 장수 소손녕을 말로써 멋지게 무찌르시다니, 역시 외교의 달인이세요. 그런데 이번에는 또 여진족을 무찌르러 가셨다고요?

 나는 이미 993년 거란과의 외교 담판에서 여진족을 몰아내겠다고 말한 적이 있어요. 또 여진족에게 빼앗겼던 고려 땅을 한시바삐 되찾기 위해서라도 그렇게 해야 했지요.

 여진족은 원래 만주와 연해주 지방에 살던 사람들이잖아요. 옛날에는 말갈족이라고도 불렀고요. 그런데 왜 고려 땅을 빼앗아 살면서 백성들을 괴롭히고 식량도 훔쳐 갔던 건가요?

 여진족은 통일 신라 말 우리의 함경도와 평안도 지역까지 내려와 살기 시작했어요. 고려를 세운 태조 왕건은 여진족을 몰아내기 위해 여러 가지 방법을 썼어요. 군사를 보내 여진족과 싸우기도 했고, 방법을 바꾸어 여진족을 살살 달래어 보기도 했어요.

서희가 57세의 나이로 세상을 떠나자 고려 임금은 이를 매우 슬퍼하며 극진하게 장례를 치러 주었다고 해요.

하지만 사나운 여진족이 물러나려 하지 않았지요. 그래서 이번에 대대적으로 여진족을 물리칠 작전을 세운 거예요.

그렇군요. 이번 싸움에서도 서희 장군님의 활약으로 고려는 여진족을 몰아내고 청천강 이북에서 압록강에 이르는 지역을 되찾았군요. 하지만 여진족이 다시 쳐들어오면 어떻게 하지요?

그래서 나는 그곳에 성을 쌓고 강동 6주를 설치했어요. 그래서 국경의 경비를 더욱 튼튼히 할 수 있었지요. 혹시 강감찬 장군의 귀주대첩을 들어봤나요? 내가 죽은 뒤 거란이 다시 고려를 공격해 왔어요. 그때 강감찬 장군이 귀주에서 거란군을 크게 무찔렀답니다. 귀주는 바로 강동 6주 중 한 곳이지요. 그만큼 강동 6주는 나라를 지키는데 중요한 역할을 했답니다.

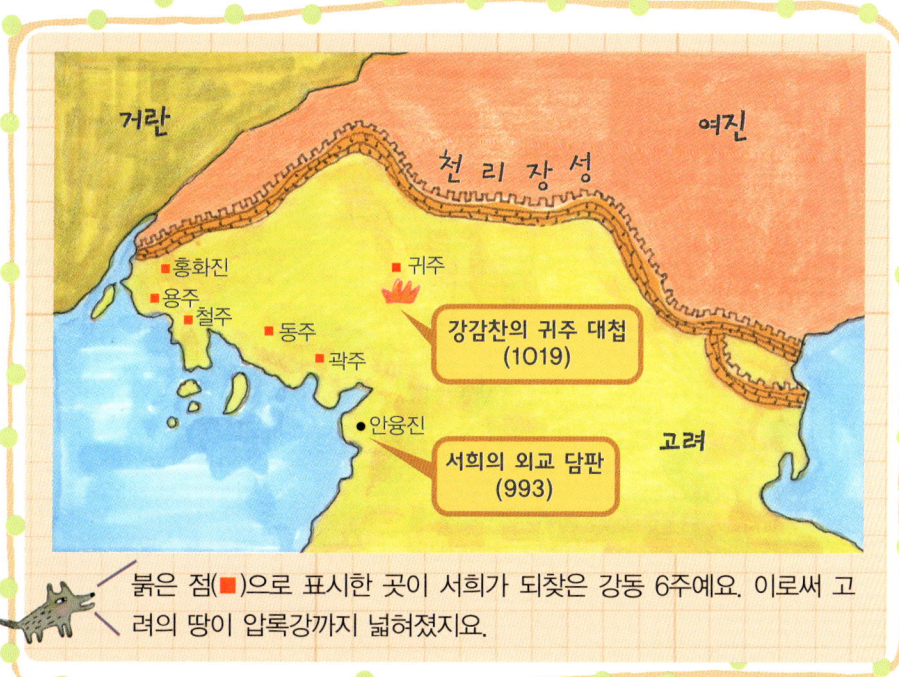

붉은 점(■)으로 표시한 곳이 서희가 되찾은 강동 6주예요. 이로써 고려의 땅이 압록강까지 넓혀졌지요.

몽골에 맞서 끝까지 싸운
삼별초

'**큰일이군. 이대로 개경에 있다가** 몽골군이 쳐들어오면 피할 곳도 없는데…….'

고려의 고종 임금은 걱정이 태산 같았어요. 중국 땅을 모두 차지하고 한창 힘이 세던 몽골이 벌써 여러 차례 고려에 쳐들어왔기 때문이에요.

"몽골군이 쳐들어와도 안전한 곳이 어디일까?"

그때 최이라는 신하가 말했어요.

"강화도가 좋을 듯합니다. 강화도는 섬이기 때문에 몽골군이 쉽게 쳐들어오지 못할 것입니다."

다른 신하도 최이의 말에 찬성했어요.

"맞습니다. 몽골군은 땅 위에서만 싸웠기 때문에 바다에서는 잘 싸우지 못할 것입니다."

고종은 신하들의 말을 들으며 생각했어요.

'3백 년이나 지켜 온 개경을 떠나야 한다니……. 또 수도를 강화도로 옮기면 남아 있는 백성들은 어찌한다?'

고종은 아무리 생각해봐도 달리 좋은 방법이 떠오르지 않았어요. 그래서 어쩔 수 없이 수도를 강화도로 옮기기로 했어요. 그리고 강화도에 머물면서 몽골군과 싸울 힘을 기르기로 했지요.

고종이 강화도로 들어가자 몽골군은 고려의 땅을 마구 짓밟았어요. 몽골군이 지나가는 곳마다 고려 사람들의 울음소리가 끊이지 않았어요. 이때 몽골로 끌려간 고려 사람이 20만 명도 넘었지요.

수도를 강화도로 옮긴 지 어느덧 38년이 지났어요. 어느새 고종이 죽고 원종 임금이 고려를 다스리고 있었지요.

몽골은 원종에게 강화도에서 나오라고 협박을 했어요. 원종이 개경으로 돌아오면 군사들과 함께 물러가겠다고 했지요.

오랜 싸움과 피난 생활로 몸과 마음이 모두 지친 원종과 신하들은 몽골과의 싸움을 끝내고 싶었어요. 마침내 원종은 고려의 군사들에게 그만 싸울 것을 명령했지요.

그런데 고려군 중에는 삼별초라고 불리는 특별 부대가 있었어요. 삼별초는 지금까지 몽골과의 전쟁에서 가장 끈질기고 용감하게 싸운 부대였지요.

삼별초는 원종의 명령을 따를 수가 없었어요. 임금이 싸움을 끝내고 개경으로 돌아간다는 것은 몽골에 항복하는 것이나 다름없는 수치스러운 일이었으니까요.

삼별초를 이끌고 있던 배중손 장군은 삼별초 군사들에게 이야기했어요.

"개경으로 돌아가서는 안 된다. 죽든 살든 우리는 몽골과 계속 싸워야 한다!"

삼별초 군사들은 배중손의 말에 찬성했어요.

"몽골에 항복하는 것은 비겁한 일이다. 끝까지 싸우자!"

"남의 나라에 머리를 숙이고 사느니 죽는 게 낫다. 우리 모두 고려의 정신을 보여 주자."

삼별초는 몽골과 끝까지 싸울 것을 결심하고 개경으로 돌아간 원종 대신 왕족인 승화후 온을 새로운 왕으로 삼았어요.

삼별초와 개경에 돌아가지 않고 남아 있던 고려 사람들은 강화도를 떠나기로 했어요. 새로운 곳에서 힘을 기르기 위해서였지요. 천여 척의 배에 나누어 탄 2만여 명의 사람들은 남쪽의 진도로 향했어요.

삼별초는 울긋불긋한 물감으로 배에 용과 호랑이를 그려 넣었어요. 그것을 멀리서 바라보면 꼭 용과 호랑이가 바다에서 춤을 추고 있는 것 같았어요. 누구에게도 지지 않겠다는 삼별초 군사들의 결심을 그림으로 나타냈던 거예요.

진도로 옮겨간 삼별초의 힘은 점점 강해졌어요. 거제도와 제주도를 비롯한 전라도와 경상도 일대의 섬을 서른 개나 차지했지요.

고려 조정과 몽골에서는 삼별초를 괘씸하게 생각했어요.

"감히 임금의 명령을 어기고 새로 왕을 뽑다니……. 당장 삼별초를 없애도록 하라!"

원종은 신하 김방경에게 명령했어요.

김방경은 고려군과 몽골군을 이끌고 진도에 있는 삼별초를 공격했어요. 삼별초도 이에 질세라 김방경이 타고 있는 배를 집중적으로 공격했지요. 결국 김방경은 몽골군의 도움을 받아 간신히 도망갈 수 있었어요.

"삼별초는 역시 최고야! 아무리 많은 적이 덤벼도 모두 이길 수 있다고."

삼별초 군사들은 승리의 기쁨을 맘껏 나눴지요. 그런데 우쭐해진 삼별초는 더는 경비를 튼튼히 하지 않았어요. 김방경과 몽골군이 더는 쳐들어오지 않을 것으로 생각했으니까요.

하지만 이런 삼별초의 생각은 빗나가고 말았어요. 김방경은 다시 고려군과 몽골군을 이끌고 진도를 총공격했어요. 싸울 준비를 제대로 하지 못했던 삼별초는 마침내 고려군과 몽골군에게 진도를 빼앗기고 말았지요. 그때까지 삼별초를 이끌던 배중손도 이 싸움에서 죽었어요.

하지만 삼별초가 모두 물러난 것은 아니었어요. 배중손의 뒤를 이어 김통정이라는 사람이 삼별초를 지휘하게 되었어요. 김통정은 진도에서 살아남은 사람들을 데리고 제주도로 가서 바닷가에 3백 리나 되는 긴 성을 쌓고 다음 싸움에 대비했어요.

제주도에서 다시 힘을 기른 삼별초는 몽골에 바치는 쌀과 물건을 실어 나르는 배들을 공격하기 시작했어요. 또 몽골이 일본을 공격하기 위해 만들어 놓은 전쟁용 배들도 부숴 버렸지요.

삼별초가 몽골군을 계속 무찌르자 몽골의 왕은 화가 머리끝까지

났어요. 그래서 몽골의 장수 흔도와 홍다구를 시켜 삼별초를 공격하게 했어요.

몽골군이 진도를 총공격한 지 2년이 지난 어느 날이었어요. 삼별초를 없애려는 1백60척의 배들이 제주도 앞바다에 나타났어요. 잠시 후 수많은 고려와 몽골의 군사들이 배에서 내려 제주도에 있는 삼별초를 공격하기 시작했어요.

"몽골군이 쳐들어온다. 모두 싸워라! 우리가 지면 고려에는 더는 몽골과 맞서 싸울 군사가 없다. 고려를 지키자!"

김통정은 삼별초 군사들에게 공격 명령을 내렸어요.

제주도는 순식간에 삼별초와 몽골군이 지르는 함성으로 뒤덮였어요. 삼별초와 몽골군의 치열한 싸움은 계속되었지요.

그런데 삼별초가 아무리 열심히 싸워도 엄청난 숫자의 몽골군을 당해 내기란 쉽지 않았어요. 시간이 지날수록 삼별초 군사들의 수는 줄어만 갔지요.

더는 버틸 힘이 없다고 판단한 김통정은 마지막 남은 70명의 삼별초 군사들과 함께 한라산으로 들어가 목숨을 끊었어요. 몽골에 항복하느니 차라리 죽음을 택한 거예요.

삼별초는 비록 뜻을 이루지 못하고 죽어 갔지만, 그들의 몽골에 대한 끈질긴 저항 정신은 우리 가슴 속에 남아 있답니다.

백두 낭자·한라 도령의 역사 인물 인터뷰

대몽 항쟁의 상징을 만나요

 배중손 장군님, 삼별초를 이끌고 끝까지 몽골과 싸우신 이야기는 정말 감명 깊었어요. 그런데 삼별초는 어떻게 만들어진 군대인가요?

몽골과의 싸움이 일어나기 전에 삼별초의 원래 이름은 야별초였어요. 별초(別抄)란 '용사를 뽑아 만든 군대'라는 뜻이에요. 1219년 고려 조정에서는 나라 안에 도둑이 들끓기 시작하자 이를 없애기 위해 별초라는 특별 군대를 만들었지요.

 아하! 도둑을 잡기 위해 밤에도 보초 서는 일을 맡아 했기 때문에, 밤이라는 한자 야(夜)를 붙여 야별초라고 부른 것이군요.

네, 맞아요. 그런데 야별초의 숫자가 점점 많아지자 좌별초와 우별초로 나뉘게 되었어요. 한편 당시 몽골에 포로로 잡혀갔다가 도망 온 사람들로 이루어진 신의군이라는 군대도 있었어요. 삼별초는 바로 좌별초와 우별초, 신의군이 모두 합쳐져 탄생하게 된 군대지요.

몽골에 대한 끈질긴 저항으로 고려인의 자존심을 지킨 삼별초를 기리는 비석이에요.

그렇군요. 군대가 커지니까 자연히 하는 일도 많아졌겠네요? 도둑을 잡는 일 외에도 죄를 지은 사람을 감옥에 가두는 일까지 맡아 하고, 또 고려의 신하들이 몽골의 사신을 만날 때에도 삼별초 군사들이 경호원처럼 늘 따라다녔다고 하니까요. 그리고 무엇보다 삼별초 군사들은 제주도에서의 마지막 순간까지도 고려의 정신을 잃지 않고 몽골에 대항하여 싸웠잖아요.

그래요. 지금의 진도군 임회면 굴포리에는 삼별초를 기리는 신당이 있어요. '신당'은 죽은 사람을 모시는 곳이지요. 이 신당에서는 해마다 삼별초 군사들을 위로하기 위해 제사를 지내고 있답니다.

또 진도군 군내면 용장리의 용장 산성은 삼별초가 승화후 온을 왕으로 모시고 궁궐을 짓고 살았던 곳이에요. 마을 주민들은 이곳을 '대궐터'라고 부르기도 하더군요. 대궐터에는 아직도 그때의 흔적이 남아 있어요. 이곳에 가 보면 날쌔고 용감했던 삼별초 군사들의 숨결을 가까이에서 느낄 수 있을 거예요.

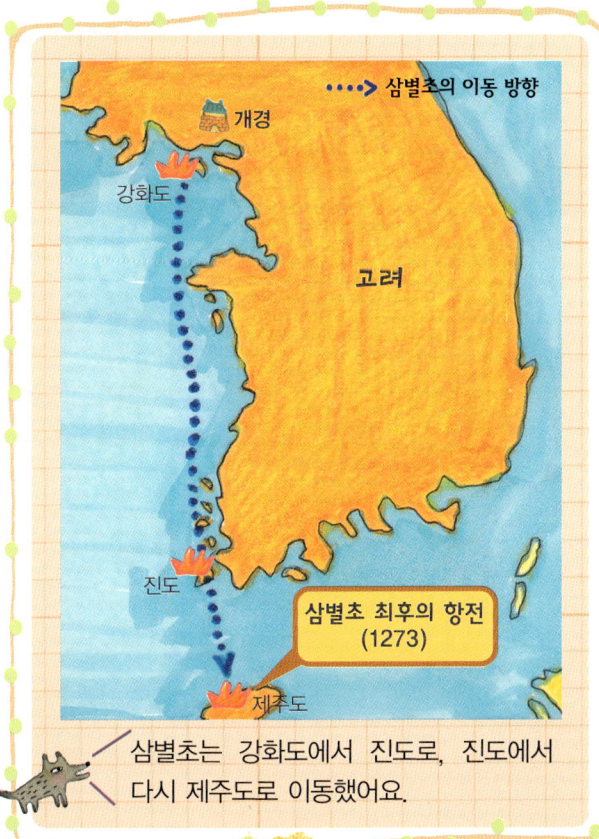

삼별초는 강화도에서 진도로, 진도에서 다시 제주도로 이동했어요.

삼별초 최후의 항전 (1273)

임진왜란을 승리로 이끈
이순신

"와! 꼭 거북이처럼 생겼네."

"글쎄 말이야. 어머나! 저 입에서 솟아나는 불길 좀 봐."

물 위에 뜬 거북선을 구경하는 사람들의 눈은 금방이라도 튀어나올 것 같았어요.

'쾨광. 쾅!'

갑자기 천둥 치는 듯한 커다란 소리가 들렸어요.

"으악, 사람 살려!"

거북선을 구경하던 사람들은 무서워 벌벌 떨었지요.

하지만 이순신 장군은 꿈쩍도 하지 않았어요. 오히려 흐뭇한 표정을 지었지요. 그동안 이순신이 군사들과 함께 피와 땀을 쏟아 부은 거북선이 드디어 완성된 거예요.

거북선은 우리나라 최초의 철로 만들어진 배예요. 배의 등에는 수많은 가시를 박아 놓아 일본군들이 기어오르지 못하게 했어요. 또 거북선의 양옆에는 총을 쏠 수 있는 구멍도 뚫려 있었지요.

거북선에서 눈길을 돌린 이순신은 부하들에게 말했어요.

"일본군이 언제 쳐들어올지 모르니 경비를 더욱 튼튼히 해라."

"예, 장군님!"

부하들이 씩씩하게 대답했지요.

하지만 이순신의 얼굴은 점점 어두워졌어요. 그 당시 바다 건너에 있는 일본은 호시탐탐 조선에 쳐들어올 기회만 노리고 있었으니까요. 그런데도 조선 조정에서는 통 전쟁 준비를 하지 않았어요. 일본군은 그럴 힘이 없다고 얕잡아 보았던 거예요.

이때 이순신은 수군절도사로 전라남도 여수에 있었어요. 수군절도사는 지금의 해군 사령관과 같지요.

이순신이 처음 여수에 도착했을 때, 여수 수군의 무기 창고는 온통 낡고 녹슨 무기들뿐이었어요. 그런 무기로는 싸움을 해 보나마나 질 것이 뻔했지요. 이순신은 녹슨 무기들을 깨끗이 닦아내게 했어요. 물론 군사들을 훈련하는 일도 게을리하지 않았고요.

처음에 군사들은 갑자기 시작된 고된 훈련에 불만이 많았어요.

"정말 너무해. 매일 이렇게 힘든 훈련만 시키다니……."

"글쎄 말이야. 팔다리가 쑤셔서 죽을 지경이라고."

하지만 이순신은 군사들의 이런 불만의 소리를 듣고 노여워하지 않았어요. 길을 지나가다 우연히 이런 소리를 들으면 재빨리 달려가 군사들을 위로해 주었지요.

"힘이 들겠지만 조금만 참아 주게. 이것이 다 나라의 앞일을 위한 것이라네. 내 자네들의 수고를 잊지 않을 걸세."

이순신의 진심 어린 위로에 군사들은 때로 눈물을 흘리기도 했어요. 시간이 지날수록 군사들은 이순신을 믿고 따르게 되었지요. 거북선도 두 척이나 만들었고요.

1592년, 이순신이 걱정했던 대로 일본군이 7백 척이나 되는 배를 이끌고 부산으로 쳐들어왔어요. 일본군의 숫자만 해도 20만 명이 넘었지요.

일본군이 쳐들어오자 선조 임금과 신하들은 어쩔 줄을 몰랐어요. 그리고 그동안 전쟁 준비를 하지 않은 것을 후회했지요. 게다가 일본군은 신식 무기인 총을 가지고 있었어요. 결국 우리나라 군대는 여러 싸움에서 형편없이 지고 말았어요.

일본군이 쉴 새 없이 공격해 오자 임금은 수도인 한양을 버리고 의주로 피난을 갔어요. 나라 곳곳에서 죄 없는 백성들이 일본군에게 죽어 갔지요.

이순신은 죽어 가는 백성들을 한시라도 빨리 구하고 싶었어요. 그때 마침 일본군의 배 80척이 옥포 앞바다에 도착해 있다는 소식이 들려왔어요.

"옥포 앞바다로 거북선을 이끌고 출동한다. 죽기를 각오하고 싸우는 자는 살 것이요, 살고자 물러서는 자는 죽을 것이다!"

드디어 이순신이 출동 명령을 내렸어요. 우리 군사들의 사기는 하늘을 찌를 듯이 높았지요.

"와! 일본군을 무찌르자. 거북선의 위력을 보여 주자!"

이윽고 거북선과 일본군의 배가 옥포 앞바다에서 맞닥뜨렸어요. 처음으로 싸움에 나간 거북선의 위력은 대단했어요.

일본군들이 아무리 총을 쏘아 대도 철로 만들어진 거북선은 끄떡도 하지 않았어요. 게다가 거북의 머리처럼 생긴 배의 앞부분에서는 불길이 치솟아 올라 검은 연기가 뿜어져 나왔지요. 그러자 일본군들은 잔뜩 겁을 집어먹었어요.

"괴, 괴물이다. 도망가자!"

하지만 쉽게 놓칠 이순신이 아니었어요. 이순신은 도망치는 일본군의 배를 가로막고 대포를 쏘아 대기 시작했어요.

"불화살을 쏘아라. 일본군의 배를 박살 내라!"

싸움은 점점 이순신과 우리 군사들에게 유리해져 갔어요.

결국 옥포에서의 첫 번째 싸움은 조선의 승리로 끝났어요. 일본 군사들은 배를 스물여섯 척이나 잃고 허겁지겁 도망가기에 바빴지요.

이 소식을 들은 임금과 백성들은 매우 기뻐했어요. 이제는 일본군의 손에서 나라를 구할 수 있다는 희망이 생겼으니까요.

이순신은 가는 곳마다 승리를 거두었어요. 일본군들은 바다의 호랑이 이순신의 이름만 들어도 벌벌 떨었지요.

일본과 치른 이 전쟁을 임진왜란이라고 해요. 임진왜란은 7년 동안이나 계속되었어요.

어느 날 이순신은 노량 앞바다에 3백 척의 배를 거느리고 출동했어요. 일본군의 배는 5백 척이나 되었지요. 하지만 물러설 이순신이 아니었어요. 이보다 더 어려운 싸움도 이겨 냈으니까요.

바다 위에 일본군 대장이 타고 있는 배가 보였어요. 이순신은 일본군 대장의 배를 가라앉히고 그의 목을 베었어요. 일본 군사들은 대장이 죽자 허둥대기 시작했지요. 우리 군사들은 더욱 힘차게 일본군을 공격했어요.

그때였어요. 어디선가 날아든 총알이 이순신의 가슴에 박혔어요. 가슴에서 흘러나온 피가 갑옷을 적셨지요. 하지만 이순신은 계속 싸우고 있는 것처럼 보이게 했어요.

"으윽! 내가 쓰러진 것을 아무도 모르게 하라. 일본군이 알면 기가 살 것이니 방패로 나를 가려라."

이순신의 숨소리가 점점 거칠어졌어요. 이순신은 싸움에서 이긴 군사들의 환호성을 듣고서야 조용히 눈을 감았지요. 이렇게 이순신은 죽는 마지막 순간까지도 나라를 위해 싸웠던 거예요.

싸움이 모두 끝나고 나서야 장군의 죽음을 안 군사들과 임금, 그리고 백성들은 많은 눈물을 흘렸어요.

임금은 나중에 '충무공'이라는 시호를 내려 이순신의 장한 죽음을 기렸지요. '시호'는 나라에 공을 세운 사람이 죽은 뒤에 나라에서 내려 주는 이름이에요. 만약 이순신 장군이 없었다면 우리나라가 일본군을 무찌르고 임진왜란에서 승리하기는 어려웠을 거예요.

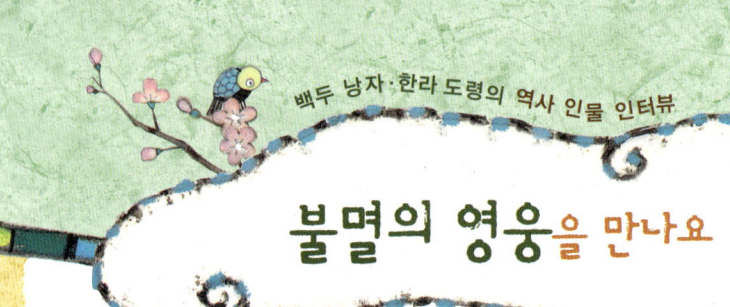

백두 낭자·한라 도령의 역사 인물 인터뷰

불멸의 영웅을 만나요

 이순신 장군님, 현충사에서 장군님을 만나니 매우 기뻐요. 이곳은 임진왜란 때 나라를 구하신 이순신 장군님의 나라 사랑 정신을 기리기 위해 세워진 곳이잖아요. 아! 저기 장군님의 영정이 있어요.

그래요. 현충사가 있는 충청남도 아산은 나와 인연이 깊은 곳이에요. 나는 1545년 4월 28일 서울 건천동(지금의 인현동)에서 태어났어요. 하지만 어릴 적 가족과 함께 외가가 있는 아산으로 이사해 왔지요. 내가 글공부를 하고 말타기와 활쏘기 같은 무예를 갈고 닦은 곳이 바로 이곳이랍니다.

 아하! 그래서 장군님의 무덤도 아산에 있는 거군요. 그럼 현충사에는 무엇이 있나요? 거북선은 알겠는데, 이 책들은 무엇인지 궁금해요.

거북선은 우리나라 최초의 철갑선이랍니다.

《난중일기》는 임진왜란 때인 1592년에서 1598년까지 총 7년 동안 내가 손수 쓴 일기예요. 싸움터에서 일어난 일들과 나의 심정 등을 기록하였지  요. 함께 전시된 《임진장초》는 임진왜란 중에 임금님께 올린 보고서를 모아놓은 책이에요. 또 《서간첩》 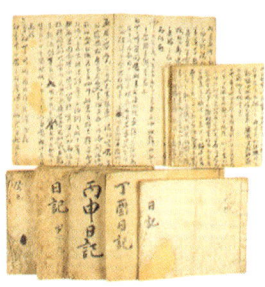 은 내가 친척들에게 보낸 편지를 모아둔 것이에요. 그중에 는 전쟁 중에 고통받는 백성들을 안타까워하는 마음을 담 은 내용도 있답니다.

 이곳의 유물 하나하나에 장군님의 나라 사랑 정신이 깃들어 있네요. 이 유물들과 함께 장군님은 영원히 저희 가슴 속에 살아 있을 거예요.

이순신 장군이 일본군과 맞서 싸운 격전지들이에요. 특히 명량 대첩에서는 13척의 배로 133척의 일본 배를 무찔렀답니다.

울릉도와 독도를 지킨
안용복

조선 숙종 임금 때였어요. 일본 배들은 벌써 여러 차례 우리나라 울릉도까지 와서 고기를 잡아갔어요. 또 고기를 잡으러 나온 우리나라 어부들을 못살게 굴었지요.

어느 날 어부 40명과 고기를 잡으러 울릉도에 도착한 안용복은 일본 배가 와서 고기를 잡고 있는 것을 보자 화가 머리끝까지 났어요. 안용복은 부산 사람으로, 고기를 잡는 어부였지요.

안용복은 일본 배들이 다시는 우리 바다에서 고기를 잡거나 우리 어부들을 괴롭히지 못하도록 혼내 줘야겠다고 결심했어요.

안용복은 다른 어부들에게 이야기했지요.

"울릉도는 우리 땅입니다. 일본 배들에게 이렇게 당하고만 있을 수는 없습니다. 우리 모두 힘을 모아 일본 배들을 혼내 줍시다!"

어부들은 큰 소리로 맞장구를 쳤어요.

"그래. 일본 배들이 하는 짓을 더는 참고 볼 수 없어."

"이 기회에 일본 배들이 다시는 울릉도에 얼씬도 못 하게 하자!"

안용복과 어부들은 일본 배들을 향해 힘차게 노를 저어 갔어요. 안용복은 타고 간 배를 일본 배 한 척에 바짝 붙였어요. 그러자 놀란 일본 사람들이 안용복과 어부들을 쳐다보았지요.

"이놈들아, 내 그물을 받아라!"

안용복은 일본 배 안으로 뛰어들었어요. 일본 사람들은 안용복의 갑작스러운 공격에 넋을 잃고 말았지요. 안용복과 어부들은 일본 사람들을 꽁꽁 묶어 꼼짝 못하게 묶었어요.

"와! 우리가 일본 배를 잡았다. 다른 배도 모두 무찌르자!"

그런데 안용복이 우리 배에 다시 옮겨 타려 할 때였어요. 어느새 일본 배 여섯 척이 다가와 우리 배를 둘러싸 버렸지요. 그때 일본 사람 한 명이 큰 소리로 외쳤어요.

"저기 맨 앞에서 싸우는 조선 사람을 붙잡아라!"

그러자 열 명도 넘는 일본 사람들이 안용복에게 달려들었어요. 안용복은 붙잡히지 않으려고 안간힘을 썼어요. 하지만 어느 순간 일본 사람의 주먹에 머리를 맞은 안용복은 그만 정신을 잃고 쓰러지고 말았어요.

안용복이 정신을 차리고 눈을 뜬 곳은 일본의 오키도라는 곳이었어요. 일본 사람들은 안용복과 박어둔 두 사람을 일본으로 끌고 와 감옥 안에 가두었던 거예요.

안용복은 처음에 눈앞이 깜깜해지는 것 같았어요. 그렇지만 이를 악물었어요. 어떻게든 그곳에서 빠져나가 고향에 돌아가리라고 다짐했지요.

"조선 사람이 울릉도에서 고기를 잡는 것은 당연하다. 나는 울릉도에서 고기를 잡는 일본 배들을 쫓으려고 했을 뿐이다. 일본 사람들이 우리 땅에서 고기를 잡는 것은 잘못된 일이다."

안용복은 당당하게 오키도의 관리와 호키주의 태수에게 말했어요. '태수'는 한 지방을 다스리는 관리예요. 안용복은 부산에 있던 왜관에 자주 출입하여 일본말을 잘했지요. '왜관'은 일본 사람들이 드나들며 우리나라와 무역을 하던 곳이에요.

마침내 안용복의 끈질긴 외침이 일본을 다스리던 높은 사람의

귀에도 들어가게 되었어요. 그는 안용복의 얘기가 옳다고 생각했어요. 그리고 작은 일로 조선과의 관계가 나빠지는 것을 원하지 않았지요. 그래서 안용복을 다시 조선으로 돌려보내 주었어요. 그뿐만 아니라 다시는 일본 배가 울릉도에서 고기를 잡지 못하게 하겠다는 약속을 적은 문서도 주었지요.

그러나 우리나라로 돌아오던 안용복은 대마도의 관리에게 그 문서를 빼앗기고 말았어요. 대마도 사람들은 고기잡이를 하며 살았기 때문에 고기가 잘 잡히는 울릉도가 욕심이 났던 거예요. 게다가 우리나라로 돌아온 안용복은 함부로 나라 밖으로 나갔다 왔기 때문에 감옥에 갇히는 신세가 되고 말았지요.

안용복은 감옥에서 2년 만에 풀려났어요. 그런데 아직도 일본 사람들이 울릉도에서 고기를 잡아가고 있다는 소식이 들렸어요. 안용복은 가만히 있을 수 없었지요. 그래서 곧바로 일본 사람들을 울릉도와 독도에서 물리칠 좋은 계획을 세우고, 뜻을 같이하는 열세 명의 사람들과 함께 배를 타고 울릉도로 향했어요.

울릉도에 도착해 보니 우리 배 세 척이 고기를 잡고 있었어요. 그때 마침 일본 배 다섯 척이 다가왔어요.

안용복은 뱃머리에 서서 당당하게 얘기했어요.

"너희 일본 배들이 어찌하여 우리 조선 땅에서 고기를 잡느냐. 어서 썩 물러가라!"

그러자 겁이 난 일본 배들은 재빨리 독도로 도망을 갔어요. 하지만 독도도 우리 땅인 것은 마찬가지였지요.

"감히 우리의 울릉도와 독도를 제집 드나들 듯하다니……. 용서할 수 없다!"

안용복은 도망치는 일본 배를 쫓아가는 척하며 호키주까지 배를 몰았어요. 호키주 태수와 다시 담판을 짓기 위해서였지요.

'아무 벼슬도 없는 나의 말을 일본 관리들이 들어줄 리가 없다. 더군다나 글을 받아 내기란 더욱 불가능한 일이겠지…….'

그래서 안용복은 꾀를 냈어요. 벼슬이 높은 관리처럼 꾸미고 태수를 만나러 간 것이지요.

"나는 조선에서 온 안용복이다. 울릉도와 독도는 예부터 우리나라 땅이었다. 그런데 너희 나라 배들이 우리나라 땅인 울릉도와 독도에 함부로 들어와 고기를 잡아갔다. 이제 다시는 그런 일이 없도록 글로 써서 약속해라."

태수를 만나자 안용복은 거침없이 말했어요. 그리고 2년 전에 일본 조정에서 준 문서를 대마도 관리가 멋대로 빼앗았던 사실을 일본 조정에 알리겠다고 으름장을 놓았어요. 또 대마도 관리가 일본 조정으로 들어가야 할 물건을 몰래 빼돌리고 있다는 사실도 알리겠다고 했지요.

이 말을 전해 들은 대마도 관리는 호키주 태수에게 자신의 허물을 덮어 달라고 간청했어요.

마침내 대마도 관리와 호키주 태수는 안용복에게 "다시 울릉도를 침범하는 일본 사람이 있으면 엄하게 처벌하겠습니다."라고 다짐했지요.

그러나 조선으로 돌아온 안용복은 '함부로 나라 밖으로 나가 이웃 나라와 다투는 불씨를 만들었다'라고 해서 큰 죄인이 되었어요. 신하들은 안용복을 죽여야 한다고 했지요. 다행히 일본으로부터 약속한 문서가 와서 목숨만은 구할 수 있었지만 결국 안용복은 귀양을 가야 했답니다.

안용복은 평범한 어부의 신분으로 우리나라의 땅을 지키는 훌륭한 일을 해냈어요. 안용복이 아니었다면 일본은 슬그머니 울릉도를 차지하고 말았을지도 몰라요. 그런 안용복이 대접을 받기는커녕 귀양살이를 한 것은 정말 안타까운 일이에요.

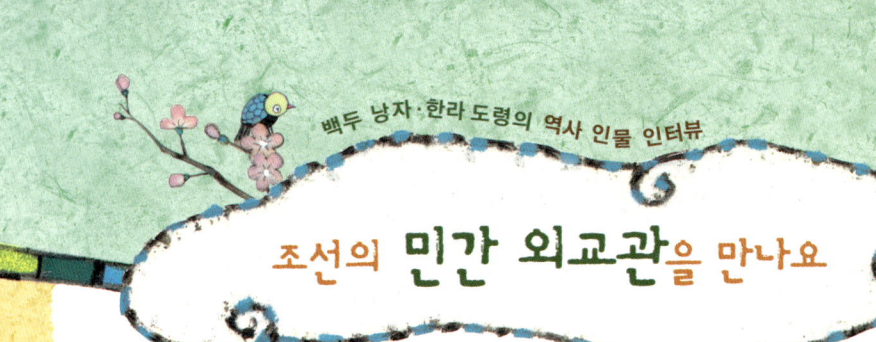

조선의 민간 외교관을 만나요

백두 낭자·한라 도령의 역사 인물 인터뷰

안용복 장군님! 보통 사람의 신분으로 일본으로부터 우리 땅 울릉도와 독도를 지켜 내시다니, 정말 훌륭하세요.

울릉도와 독도는 신라 지증왕 13년인 512년, 이사부 장군이 정복해 신라의 땅이 된 후부터 줄곧 우리의 땅이었지요. 그런데 일본이 자꾸 자기네 땅이라고 우기니 조선 사람으로서 나서지 않을 수 없었답니다.

왜 일본은 독도가 일본 땅이라고 억지 주장을 하는 걸까요? 이름도 일본 말로 다케시마(竹島)라고 부르고 있잖아요.

독도 주변 바다는 오징어, 명태, 전복, 게 등 수산자원이 풍부한 황금어장이에요. 또 천연가스 같은 지하자원이 풍부하고, 자연환경이 잘 보존되어 있어 연구 가치도 높지요. 그래서 일본이 억지를 부리면서까지 탐을 내는 거랍니다.

아름다운 우리 섬, 독도의 모습이에요.

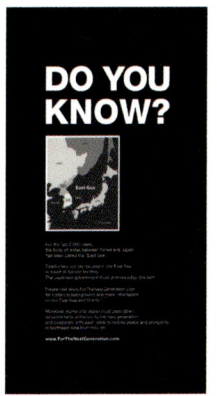
하지만 나처럼 독도를 지키는 사람이 많으니 걱정할 것 없어요. 백두 낭자는 혹시 이 신문 광고를 본 적이 있나요? 이 광고는 가수 김장훈 씨와 서경덕 교수가 독도가 우리 땅이라는 것을 알리기 위해 2008년 7월 9일 뉴욕 타임스라는 미국 신문에 낸 광고예요. '알고 있나요?(Do You Know?)'라는 문장 아래 놓인 지도에는 '동해(East Sea)'와 '독도(Dokdo)'의 영문 이름이 적혀 있어요.

비록 정치가나 외교관은 아니지만, 우리 땅을 지키는 민간 외교관 역할을 한 셈이네요. 안용복 장군님처럼 말이에요. 저도 우리 땅, 우리 역사에 관심을 두는 것에서부터 나라 사랑 정신을 키워야겠어요.

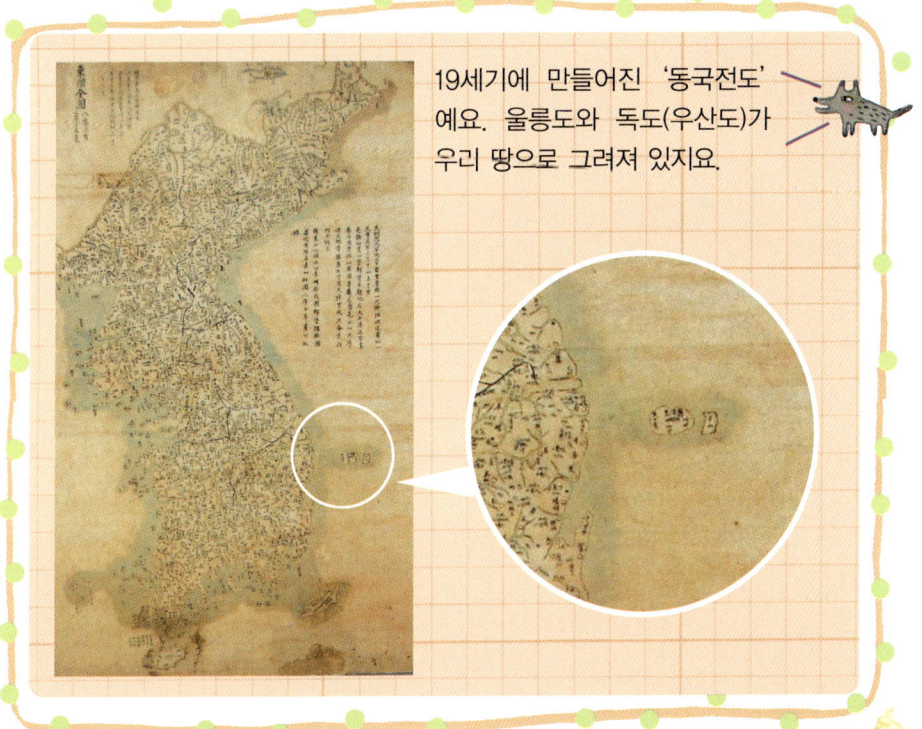
19세기에 만들어진 '동국전도'예요. 울릉도와 독도(우산도)가 우리 땅으로 그려져 있지요.

민족의 원수를 죽인

안중근

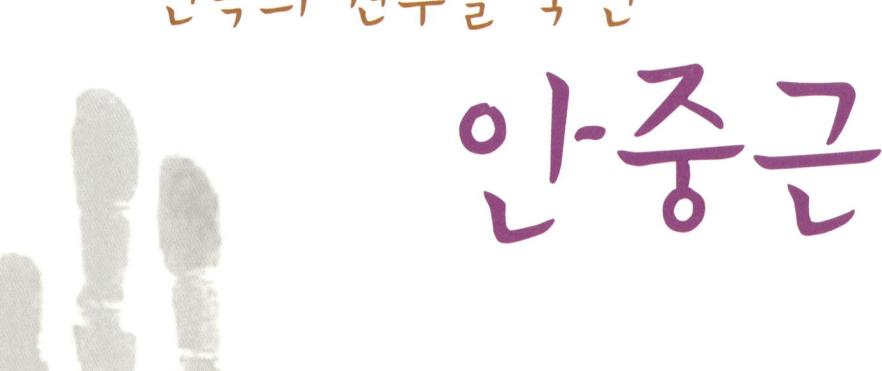

1909년 10월 26일, 하얼빈 역은 기차를 타고 내리는 많은 사람들로 북적거렸어요. 안중근 의사는 조심스럽게 주위를 살펴보았어요. 하얼빈 역 주변에는 평소와 비교도 안 될 정도로 많은 일본 군인들이 있었어요. 그들은 모두 누군가를 찾기라도 하는 듯 눈빛을 번뜩였지요.

드디어 새까만 몸통을 길게 늘어뜨린 기차가 출입구 쪽으로 미끄러져 들어왔어요. 기차는 하얀 연기를 힘껏 내뿜더니, '끼익' 하는 소리와 함께 멈춰 섰어요.

하얀 양복을 말쑥하게 차려입은 군악대가 일제히 요란한 연주를 시작했어요. 이토 히로부미를 환영하기 위해 나온 일본 사람들은 기차를 향해 손을 흔들었지요.

잠시 후 기차 문이 열리고 이토 히로부미가 웃음을 지으며 기차에서 내렸어요.

일본 사람들 가운데 섞여 있던 안중근은 긴장된 숨을 훅 들이쉬었어요. 안중근은 가슴께로 손을 가져갔어요.

'탕! 탕! 탕!'

곧 세 발의 총소리가 하얼빈 역을 울렸어요. 이토 히로부미를 환영하던 군악대의 요란한 연주 소리가 뚝 그쳤지요.

비명을 지르며 도망가는 사람, 땅바닥에 엎드리는 사람, 경비병들이 불어 대는 '삐익, 삑' 호루라기 소리로 하얼빈 역은 순식간에 아수라장이 되었어요.

"대한 독립 만세! 대한 독립 만세!"

안중근은 힘차게 만세를 불렀어요. 총과 칼로 무장한 일본 군인들이 안중근을 붙잡기 위해 사방에서 몰려들었지요. 하지만 안중근은 도망가지 않았어요. 오히려 온 세상에 다 들리도록 더욱 크게 만세를 불렀어요.

"조선은 독립국이다! 대한 독립 만세!"

안중근은 일본 군인들에게 끌려가면서도 만세 소리를 멈추지 않았어요.

이토 히로부미는 안중근의 총에 맞은 가슴을 움켜쥐고 뒹굴었어요. 그리고 얼마 후 그 자리에서 죽었어요.

또한 안중근은 이토 히로부미 주변에 서 있던 일본 관리들을 향해서도 총을 쏘았어요. 이는 혹시라도 자신이 이토 히로부미를 잘못 알아보았을까 해서 한 행동이었지요. 이 총격으로 안중근은 하얼빈 총영사 등 일본의 높은 관리들에게 중상을 입혔어요.

일본 사람인 이토 히로부미는 우리 민족의 원수였지요. 당시 우리나라는 일본에 나라를 빼앗길 위기에 처해 있었어요. 우리나라를 빼앗는 데 앞장서고 있던 사람이 바로 이토 히로부미였어요. 이토 히로부미는 우리나라 임금과 신하들에게 총과 칼을 들이대며 강제로 나라를 내놓으라고 했던 거예요.

우리나라 사람들은 당연히 이토 히로부미를 아주 싫어했어요. 그래서 안중근은 이토 히로부미를 죽여서 우리 민족의 원수를 갚으려 했던 것이지요.

황해도 해주에서 태어난 안중근의 어릴 적 이름은 응칠이었어요. 허리 부근에 북두칠성처럼 일곱 개의 점이 박혀 있다고 해서 붙여진 이름이었지요.

어린 응칠이는 글공부보다 말타기와 활쏘기, 그리고 사냥을 아주 잘했어요. 한번 겨냥한 새나 짐승은 거의 놓치는 적이 없었지요. 열다섯 살 때에는 총을 쏴 사나운 멧돼지를 단번에 쓰러뜨리기도 했어요.

응칠이가 책이나 글공부보다 사냥을 더 좋아하자 어른들은 은근히 걱정을 했어요.

"얘, 응칠아. 책을 많이 읽고 글공부를 열심히 해야 나중에 훌륭한 사람이 될 수 있단다."

그러면 응칠이는 또랑또랑한 목소리로 대답했어요.

"공부를 잘해야만 훌륭한 사람이 되나요? 전 나중에 크면 나라를 위해 꼭 옳은 일을 할 거예요."

어느덧 시간이 흘러 씩씩한 청년이 된 안중근은 잃어버린 나라를 되찾아야겠다고 굳게 마음먹었어요. 그래서 안중근은 일본군의 감시가 심한 우리나라를 떠나 중국의 연해주로 갔어요.

안중근은 중국의 만주와 연해주, 러시아 등지로 돌아다니며 활발한 독립운동을 벌였어요. 빼앗겼던 나라를 되찾는 것이 '독립'이지요. 안중근은 독립군을 훈련하기도 하고 무기를 구해 일본군과 직접 맞서 싸우기도 했어요.

또 안중근은 '단지회'라는 모임도 만들었어요. 단지회는 모두 열두 명으로 이루어져 있었지요. 그 모임은 우리나라의 독립과 동양 평화에 목숨을 바칠 것을 맹세하는 사람들의 모임이었어요. 단지회 회원들은 그러한 결심을 보여 주기 위해 왼손 네 번째 손가락을 잘라냈어요. 그리고 그 피를 모아 '독립', '자유'라는 글씨를 썼어요. 그만큼 단지회 회원들은 나라의 독립과 민족의 자유를 간절히 바랐던 거예요.

그러던 중 안중근은 이토 히로부미가 하얼빈에

온다는 소식을 듣게 되었어요.

　나라를 위해 죽기를 각오한 안중근은 이때부터 치밀한 계획을 세웠어요. 그리고는 마침내 하얼빈 역에서 이토 히로부미에게 총을 쏘았던 거예요.

　이토 히로부미를 죽인 안중근은 중국의 뤼순 감옥에 갇혔어요. 안중근은 일본인 재판관에게 여섯 번의 재판을 받게 되었지요.

　일본인 재판장 마나베가 안중근에게 물었어요.

"왜 아무 잘못 없는 이토 히로부미를 죽였는가?"

"일본은 우리나라를 빼앗았다. 나는 빼앗긴 나라를 되찾으려 했을 뿐이다. 이토 히로부미는 우리나라의 원수다."

"너희 나라는 일본이 잘 보살펴 주고 있지 않은가?"

마나베는 뻔뻔스럽게도 일본이 우리나라를 보살피고 있다고 얘기했어요. 안중근은 마나베를 똑바로 쏘아보며 말했어요.

"웃기지 마라. 일본은 우리의 적일 뿐이다. 나는 대한민국의 독립군으로 하얼빈 역에서 적의 두목을 죽인 것이다."

안중근의 얘기를 들은 마나베가 다시 말했어요.

"잘못했다고 빌면 살려 줄 수도 있다."

"난 우리나라와 세계 평화를 위해 할 일을 다했다고 생각한다. 더는 살고 싶지 않다. 일본도 앞으로는 다른 나라를 괴롭히지 말아야 할 것이다."

안중근은 오히려 일본 재판관들을 꾸짖었어요. 결국 일본 재판장은 안중근에게 사형을 선고했지요.

안중근은 1910년 3월 26일 아침 뤼순 감옥 형장에서 눈을 감았어요. 안중근은 죽는 날까지도 오직 나라의 앞일만을 걱정했지요.

그는 죽기 며칠 전에 두 아우에게 유언을 남겼어요.

"사람은 누구나 태어나면 죽는 법이다. 나는 결코 죽음을 두려워하지 않는다. 다만 일본이 망하고 우리나라가 독립하는 것을 살아서 보지 못하는 것이 안타까울 뿐이다. 우리나라가 독립하게 되면 죽어서도 춤을 추며 만세를 부를 것이다."

안중근이 죽고 나서도 나라를 잃은 우리 민족은 일본으로부터 온갖 설움을 받아야만 했어요. 하지만 안중근과 같은 많은 독립투사들이 일본에 맞서 싸웠지요.

마침내 우리나라는 이런 분들의 노력으로 1945년 8월 15일 일본으로부터 독립하게 되었어요. 그날은 안중근 의사도 하늘나라에서 무척 흐뭇해하며 마음을 놓았겠지요.

백두 낭자·한라 도령의 역사 인물 인터뷰

일본인도 존경한 민족의 영웅을 만나요

 안중근 의사님, 안녕하세요. 이곳 천안 독립기념관에 와보니 우리나라 독립운동의 역사를 한눈에 볼 수 있네요. 유관순, 김좌진, 안창호, 윤봉길, 이봉창 등 많은 독립투사도 만날 수 있고요.

우리 민족은 5천 년이 넘는 역사 속에서 끊임없이 외세의 침략에 맞서 왔어요. 삼국 시대에는 중국과 북방 민족의 침략에 맞서야 했고, 고려 시대에는 몽골과 싸워야 했어요. 조선 시대에는 임진왜란과 병자호란을 겪었고, 내가 살았던 조선 시대 말에는 일본의 침략을 받고 말았지요.
나는 현재와 미래의 후손들이 다시는 외세의 침략으로 고통받는 일이 없었으면 해요. 그러기 위해 어린이 여러분이 조상들의 값진 피와 눈물, 불굴의 독립정신을 배웠으면 한답니다.

 나라를 사랑하고 민족을 생각하는 안 의사님이 존경스러워요. 그런데 안 의사님을 일본 사람들도 존경한다던데요?

1909년 10월 26일 하얼빈 의거 직후의 안중근 의사 모습이에요.

다나카 세지로라는 일본 사람이 있어요. 그는 하얼빈 역에서 이토 히로부미 바로 옆에 서 있던 사람이었지요. 그때 내 권총 속에는 총알이 한 발 더 남아 있었어요. 나를 체포하기 위해 몰려오는 일본 군인에게 남은 한 발의 총알을 쏠 수도 있었지요.
하지만 나는 죄 없는 사람을 죽여서는 안 된다는 평소 생각대로 순순히 일본 군인들에게 잡혀갔어요. 그 일로 인해 다나카 세지로는 평생 나를 존경하며 살았다고 해요.

일본 사람들도 나라를 사랑하는 마음은 마찬가지일 테니까 안 의사님을 이해하고 존경할 수 있나 봐요. 우리나라와 일본이 과거 불행했던 역사를 바로잡고, 앞으로는 사이좋게 지낼 수 있었으면 해요.

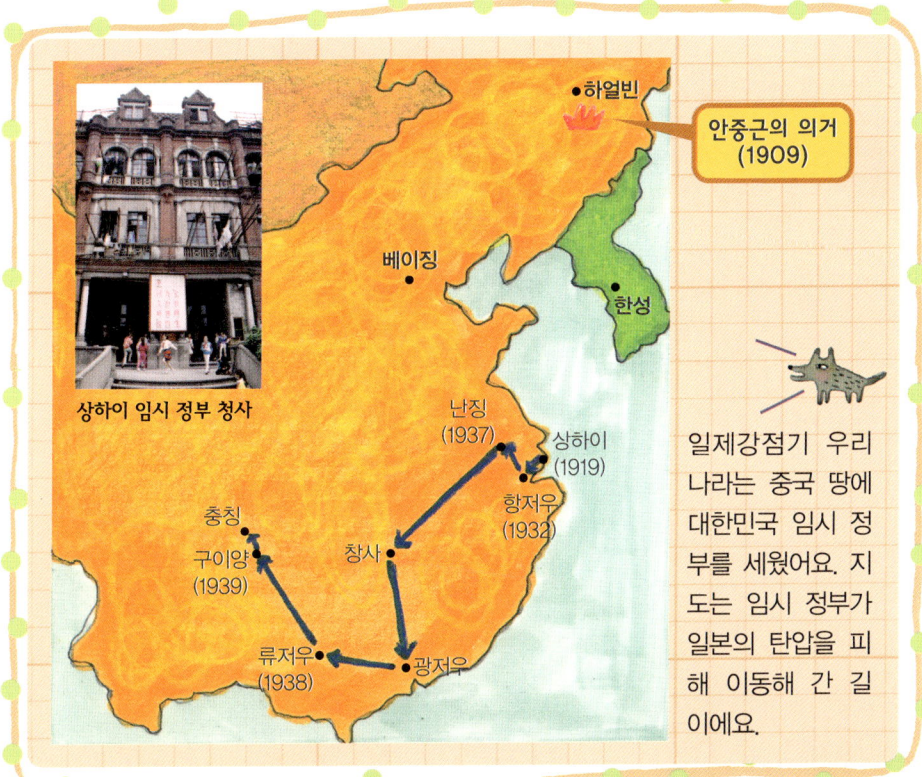

일제강점기 우리나라는 중국 땅에 대한민국 임시 정부를 세웠어요. 지도는 임시 정부가 일본의 탄압을 피해 이동해 간 길이에요.

항일 독립운동의 큰 별
김좌진

"자, 어디든 가고 싶은 곳으로 떠나세요. 여러분은 이제 자유입니다."

김좌진이 마당에 모인 사람들을 향해 말했어요. 김좌진의 손에는 마당에 모인 사람들이 그의 집 종이라는 것을 나타내는 노비 문서가 들려 있었어요.

이윽고 김좌진은 노비 문서에 불을 붙였어요. 불길이 노비 문서 위에서 활활 타오르기 시작했어요.

"아이고 도련님, 감사합니다. 정말 감사합니다."

"도련님, 이 은혜는 평생 잊지 않겠습니다요."

종살이를 하던 사람들은 허리를 굽히며 눈물을 글썽였어요. 그러고는 끊임없이 감사하다는 말을 했지요.

종들을 풀어 준 김좌진은 가난한 사람들에게 땅도 나누어 주었어요. 그동안 남의 땅을 빌려 농사를 짓던 사람들에게는 꿈만 같은 일이었지요.

김좌진은 1889년 충청남도 홍성에서 태어났어요. 김좌진의 집은 큰 부자였어요. 집에서 부리는 종만 해도 여러 명이었으니까요. 김좌진은 어릴 적부터 유난히 정의로운 마음이 강했어요. 혼자만 배불리 먹고 편히 생활하는 것이 늘 마음에 걸렸지요.

김좌진이 살던 때는 나라가 무척 어려웠어요. 나라 안팎에서 좋지 않은 일들이 많이 일어났어요. 특히 일본은 우리나라를 통째로 삼키기 위해 호시탐탐 기회를 노리고 있었지요.

김좌진은 기울어진 나라를 살리는 길이 무엇일까 늘 생각했어요. 우선은 배를 굶는 사람들이 없어야 할 것 같았어요. 배가 고픈 사람에게 아무리 나라의 앞일을 얘기해 보았자 귀에 들어갈 것 같지 않았거든요. 그래서 김좌진은 종들을 풀어 주고 땅을 나눠 주었던 것이지요.

또 이러한 때일수록 사람들에게 골고루 배움의 기회를 주어야 한다고 생각했어요. 그래서 김좌진은 나머지 재산을 모두 털어 마을에 '호명 학교'를 세웠지요.

사람들은 이런 김좌진의 훌륭한 행동을 칭찬했어요.

"정말 큰일을 했네. 자네가 세운 호명 학교는 나라의 인재를 키우는 데 큰 역할을 할 걸세."

그때마다 김좌진은 이렇게 말하곤 했어요.

"아닙니다. 할 일을 했을 뿐인 걸요. 다만 나라의 앞날이 걱정될 뿐입니다."

그런데 1905년 일본은 우리나라를 보호하겠다는 구실을 내세워

강제로 을사늑약을 맺게 했어요. 이것은 우리나라를 일본이 차지하겠다는 속임수였지요. 이로써 일본은 사실상 우리나라를 빼앗아 간 것이나 다름이 없었어요.

이 소식을 전해 들은 김좌진은 울분을 참을 수 없었어요. 그래서 서둘러 고향 마을을 떠나 서울로 올라갔지요. 나라 곳곳에서 김좌진과 뜻을 같이하는 사람들이 서울로 모여들었어요.

서울에서 독립운동을 시작한 김좌진은 독립 자금을 마련하기 위해 상점을 차리기도 했어요. 일본과의 싸움에 쓸 돈을 마련해야 했기 때문이에요. 그런데 김좌진은 무기를 살 돈을 마련하던 중 그만 일본 경찰들에게 잡히고 말았어요. 이때 김좌진의 나이는 겨우 스물세 살이었지요.

김좌진은 서대문에 있는 감옥에 2년이나 갇혀 있게 되었어요. 감옥에서의 생활은 끔찍했어요. 다 썩어 곰팡이가 누렇게 핀 죽 한 그릇으로 하루를 살아야 했지요. 일본 경찰들은 끄떡하면 김좌진을 불러내어 매질을 해 댔어요.

하지만 이런 시련쯤으로 나라를 되찾겠다는 꿈을 포기할 김좌진이 아니었어요. 감옥 생활이 힘들면 힘들수록 일본에 대한 분노는 커져만 갔지요.

"내가 지금 사는 것은 독립운동의 때를 기다리기 위함이다."

김좌진은 이렇게 자신에게 말하곤 했어요.

2년 후 감옥에서 나온 김좌진은 독립운동에 더욱 앞장섰어요. 김좌진은 일본의 탄압이 심해지자 중국의 만주로 건너 갔어요. 만주에서는 이미 많은 사람이 독립운동을 벌이고 있었지요.

김좌진은 만주에 군사 학교를 세웠어요. 일본군과 싸워 이기기 위해서는 무엇보다 강한 힘을 가진 군대가 필요했기 때문이었지요.

김좌진은 군사 학교의 사령관이 되어 1천 6백 명이나 되는 독립군을 훈련했어요. 훈련에 훈련을 거듭한 독립군은 어느새 강한 군대가 되었어요.

그러던 중 일본군이 대대적으로 독립군을 공격할 계획이라는 소식이 날아들었어요. 일본군은 차차 숫자도 많아지고 힘도 세지는 독립군을 그대로 놔둘 수가 없었던 거예요.

1920년 10월 김좌진 장군이 이끄는

독립군은 청산리에서 일본군과 맞닥뜨리게 되었어요. 청산리는 중국의 지린 성에 자리하고 있지요. 이때의 싸움이 우리나라 역사에 길이 빛나는 '청산리 대첩'이에요.

그때 우리 독립군은 지칠 대로 지쳐 있었어요. 이미 여러 차례 일본군과 싸움을 벌인 뒤였기 때문이에요. 또 겨울바람 속을 오랫동안 걸어서 퉁퉁 부르튼 손과 발은 보기에도 딱할 정도였지요. 게다가 식량도 넉넉하지 않았어요. 독립군들은 땅에 쌓인 하얀 눈을 집어삼키며 허기진 배를 달래야 했어요.

"아이고 배고파. 눈앞이 다 가물가물해."

"이렇게 죽는 건 아닐까? 나는 너무 추워서 팔다리가 다 떨어져 나가는 것만 같아."

그럴 때마다 김좌진은 다른 독립군들을 일으켜 세웠어요.

"우리는 무슨 일이 있어도 살아야 한다. 우리가 죽으면 나라의 독립도 없다. 그러니 죽을 힘이라도 남았으면 일어나 싸워라!"

"그래, 김좌진 장군의 말이 옳아. 여기서 죽을 순 없어. 살아서 빼앗긴 나라를 되찾아야 해."

독립군은 서로 격려하고 부축해 주며 이 어려운 싸움에서 꼭 승리하자고 다짐했어요.

그런데 낡고 오래된 무기를 가진 독립군은 고작 2백여 명밖에 되지 않았어요. 이와는 반대로 최신식 무기로 무장한 일본군의 숫자는 독립군의 열 배가 넘었지요.

하지만 김좌진과 독립군은 빼앗긴 나라를 되찾고 말겠다는 굳은 의지로 죽을힘을 다해 싸웠어요.

"일본군을 청산리 계곡으로 쫓아라!"

김좌진과 독립군은 일본군을 청산리 계곡 안에 몰아넣은 다음 입구를 막고 공격할 생각이었어요. 사방이 막힌 청산리 계곡에서 일본군은 도망칠 곳이 없었지요. 마침내 독립군은 청산리 계곡에 갇힌 일본군을 통쾌하게 무찔렀어요.

청산리 대첩에서 김좌진이 이끄는 독립군은 1천2백여 명에 달하는 일본군을 죽였어요. 독립군은 단지 백여 명이 죽었을 뿐이었지요. 김좌진의 뛰어난 작전이 맞아떨어진 거예요.

청산리 대첩은 지금까지 우리나라 독립운동사상 가장 큰 승리를 가져다준 전투로 기억되고 있답니다.

백두 낭자·한라 도령의 역사 인물 인터뷰

봉오동 전투의 영웅을 만나요

 김좌진 장군님, 장군님과 함께 청산리 대첩을 승리로 이끌었던 또 다른 독립투사를 소개해 주신다면서요? 어떤 분이실지 너무 궁금해요.

네, 바로 홍범도 장군이에요. 우리나라 독립운동 역사에서 빠질 수 없는 영웅이지요. 홍범도 장군은 우리나라가 일본에 나라를 빼앗기자 러시아와 만주 등지에서 독립운동을 시작했어요. 싸움을 워낙 잘하고 용감해서 일본군이 감히 잡아갈 생각도 하지 못했답니다.

 아! 동에 번쩍 서에 번쩍 나타나 일본군을 혼내 줘서 별명이 '백두산 호랑이'라는 장군님이요? 봉오동 전투를 승리로 이끈 분이시잖아요.

맞아요. 봉오동 전투는 1920년대 우리나라 독립군 연합 부대가 일본군을 무찌르고 크게 승리한 전투예요. 청산리 전투와 함께 우리나라 최고의 독립전쟁으로 꼽히지요. 이 전투에서 승리하여 우리 독립군의 사기가 크게 높아졌고, 독립전쟁도 더욱 활발히 펼쳐지게 되었어요.

 홍범도 장군이에요. 별명이 '백두산 호랑이'였대요.

 그렇군요. 홍범도 장군님은 못된 관리나 부자들을 혼내 주기도 하셨다면서요? 부자들에게 뺏은 돈으로 가난한 사람들을 돕기도 하셨고요.

그렇게 한 첫 번째 이유는 독립운동에 필요한 자금을 모으기 위해서였어요. 또 힘이 좀 있다고 약한 사람들을 괴롭히는 관리나 부자들을 그냥 보고 있을 수가 없었기 때문이에요.

하지만 홍범도 장군은 나라의 독립을 끝내 못하고 죽었어요. 죽는 순간까지도 "우리나라가 바로 되는 것을 보지 못하고 어떻게 죽겠는가."라며 나라의 앞일을 걱정했지요. 그런 장군의 나라 사랑 정신을 여러분이 잘 간직해 주길 바랍니다.

김좌진 장군과 홍범도 장군이 활약한 독립전쟁이 어디에서 있었는지 확인해 보세요.

몸과 마음을 바쳐 나라를 지킨 호랑이 장군들 이야기, 잘 읽어 보셨나요? 우리가 대한민국이라는 나라에서 마음 편하게 지낼 수 있는 것은 모두 나라를 위해 목숨을 아끼지 않았던 조상들 덕분이지요.

하지만 나라를 지키는 일은 특별한 사람만이 할 수 있는 게 아니에요. 나라를 지킨 조상들의 이야기를 읽고 나라 사랑 정신을 배우는 것 역시 나라를 지키는 일의 하나랍니다.

그럼 우리 역사 속 나라를 지킨 호랑이 장군들을 연표를 통해 다시 만나 볼까요?

연표로 만나는 호랑이 장군들

고조선부터 8·15 광복까지, 우리 역사 속 굵직한 사건들과 나라를 지킨 위인들을 만나 보아요.

기원전 37년 주몽, 고구려를 건국하다.

기원전 18년 온조, 백제를 건국하다.

410년 고구려 광개토대왕, 동부여를 정벌하여 고구려 영토를 넓히다.

512년 신라 이사부, 우산국을 정벌하다.

612년 고구려 을지문덕, 살수에서 수나라 대군을 무찌르다.

645년 고구려 양만춘, 안시성에서 당나라의 침략을 막아내다.

660년 신라 김유신, 황산벌에서 백제 계백을 무찌르다.

1376년 최영, 왜구를 크게 무찌르다.

1380년 최무선, 화포로 왜선 500여 척을 무찌르다.

고조선

기원전 2333년 단군왕검, 고조선을 건국하다.

기원전 194년 위만, 고조선의 왕이 되다.

삼국 시대

기원전 57년 박혁거세, 신라를 건국하다.

남북국 시대

676년 신라, 삼국을 통일하다.

698년 대조영, 발해를 세우다.

828년 장보고, 청해진을 설치하고 당나라 해적을 무찌르다.

918년 왕건, 고려를 건국하다.

고려 시대

993년 서희, 외교 담판으로 거란의 침입을 막다.

1019년 강감찬, 귀주 대첩에서 거란을 물리치다.

1232년 몽골의 침입으로 수도를 강화도로 옮기다.

1270년 삼별초, 3년 동안 대몽 항쟁을 벌이다.

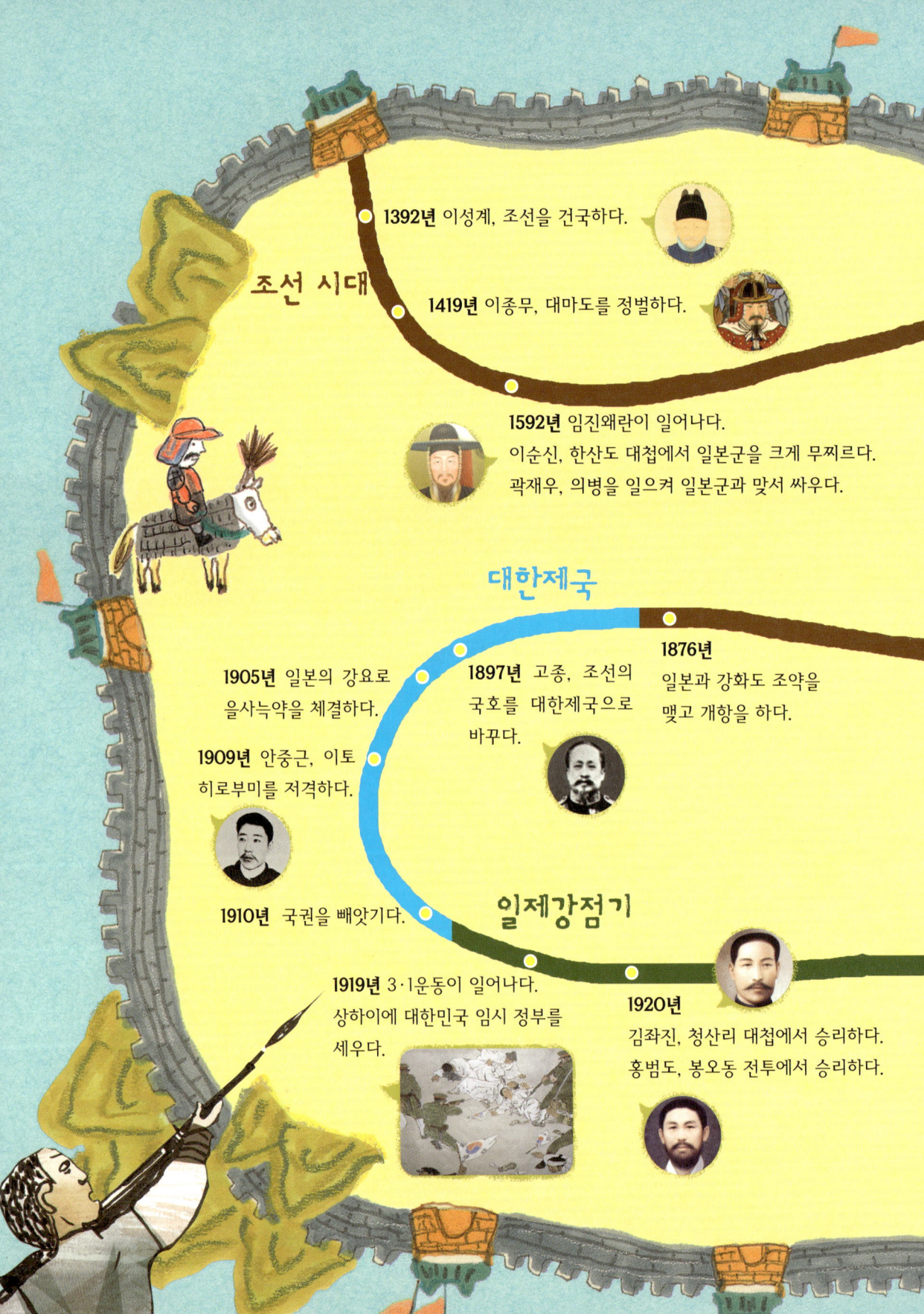

〈오십 빛깔 우리 것 우리 얘기〉시리즈
권별 교과 연계표

🟤 국어 🔵 사회 🟢 과학 🟩 도덕 🟠 음악 🟣 미술
🟣 체육 🟦 실과 🟧 바른 생활 🟪 슬기로운 생활 🟥 즐거운 생활

- 신 나는 열두 달 명절 이야기   사 3-2   사 5-1   사 5-2   슬 1-2
- 관혼상제, 재미있는 옛날 풍습   국 1-2   국 4-1   사 3-2   사 5-2
- 조상들은 어떤 도구를 썼을까   국 2-2   사 3-1   사 5-1   사 5-2
- 옛날엔 이런 직업이 있었대요   국 5-1   국 6-2   사 3-1   사 4-2
- 꼭 가 보고 싶은 역사 유적지   국 4-1   국 4-2   사 6-1   사 6-2
- 신토불이 우리 음식   국 3-1   사 3-1   사 5-1   사 6-2
- 어깨동무 즐거운 우리 놀이   국 4-1   사 5-2   체 4   즐 1-2
- 나라를 다스린 법, 백성을 위한 제도   사 3-2   사 4-1   사 6-1   사 6-2
- 하늘을 감동시킨 효자 이야기   도 3-1   도 5   바 1-1   바 2-2
- 오천 년 지혜 담긴 건물 이야기   국 4-1   국 4-2   사 5-1   사 5-2
- 세계가 놀란 발명 이야기   국 3-1   국 5-2   사 3-1   사 5-2
- 빛나는 보물 우리 사찰   국 4-1   사 6-2   바 2-2
- 나라의 자랑 국보 이야기   국 5-2   사 6-1   사 6-2   바 2-2
- 나라를 지킨 호랑이 장군들   국 4-2   국 6-1   사 6-1   바 2-2
- 오천 년 우리 도읍지   국 4-1   사 5-2   사 6-1
- 하늘이 내린 시조 임금님들   국 6-2   사 5-2   사 6-1   바 2-2
- 옛날 관청과 공공시설   사 3-1   사 3-2   사 6-1   사 6-2
- 옛사람들의 우정 이야기   국 4-1   국 6-2   도 3-1   바 1-1
- 얼쑤, 흥겨운 가락 신 나는 춤   국 6-1   국 6-2   사 3-1   음 3
- 아름다운 독도와 우리 섬   국 2-1   국 4-1   국 5-2   사 4-1
- 본받아야 할 우리 예절   국 3-2   도 4-1   바 2-1   바 2-2

- 놀라운 발견, 생활의 지혜   국 2-1 국 2-2 사 3-1 사 5-1
- 옛사람들의 교통과 통신   사 3-2 사 4-1 사 5-2
- 머리에 쏙쏙 선조들의 공부법   국 4-1 국 4-2 국 6-2 도 3-1
- 우리 국토 수놓은 식물 이야기   국 1-1 국 5-1 과 4-2 바 1-2
- 큰 부자들의 경제 이야기   사 3-2 사 4-2 사 5-2 슬 2-2
- 생명의 보물 창고 우리 생태지   국 2-1 국 4-2 바 1-2 슬 1-1
- 우리가 지켜야 할 천연기념물   국 2-1 바 2-2
- 안녕, 꾸러기 친구 도깨비야   국 2-2 국 3-1 국 4-1 사 5-2
- 오천 년 우리 강 이야기   사 3-2 사 6-1
- 교과서 속 우리 고전   국 3-1 국 4-2 국 5-1 국 6-2
- 알쏭달쏭, 열두 가지 띠 이야기   국 3-1 사 3-2 사 5-2 사 6-1
- 빛나는 솜씨, 뛰어난 재주꾼들   국 4-2 사 6-1 음 4 미 3, 4
- 수수께끼를 간직한 자연과 문화   국 4-1 사 5-2 바 2-2
- 옛사람들의 근검절약   국 6-2 사 4-2 도 5 실 5
- 민족의 영웅 독립운동가   국 6-2 사 6-1 바 2-2
- 우리 조상들의 신앙 생활   국 5-2 사 3-2 사 5-2 사 6-1
- 정다운 우리나라 동물 이야기   국 2-1 국 2-2 국 6-1 과 3-2
- 멋스러운 우리 옛 그림   국 4-2 사 6-1 미 3, 4 미 5
- 선실따라 팔도명산   국 2-1 국 2-2
- 방방곡곡 우리 특산물   사 3-1 사 4-1 사 5-2
- 아름다운 궁궐 이야기   국 4-1 사 6-1 미 5 바 2-2
- 역사를 빛낸 여자의 힘   사 6-1 바 2-2
- 신명 나는 우리 축제   사 3-1 사 4-1
- 우리가 알아야 할 북한 문화재   사 5-2 사 6-1 바 2-2
- 봄, 여름, 가을, 겨울 24절기   사 5-1 사 6-1 과 6-2 슬 6-2
- 나누는 즐거움 우리 공동체   도 4-1 바 2-2
- 이야기가 술술 우리 신화   국 1-2 국 6-2 사 3-2 사 5-2
- 흥겨운 옛시조 우리 노래   국 6-2 사 5-2 음 3 음 6
- 조상들의 지혜, 전통 의학   국 5-1 국 6-2

오십 빛깔 우리 것 우리 얘기 14
나라를 지킨 호랑이 장군들

초판 1쇄 발행 | 2011년 2월 8일
초판 5쇄 발행 | 2023년 9월 10일

글쓴이 | 우리누리
그린이 | 이용규, 강희준

발행인 | 박장희
부문대표 | 정철근
제작총괄 | 이정아
편집장 | 조한별

디자인 | 레드스튜디오

발행처 | 중앙일보에스(주)
주소 | (03909) 서울시 마포구 상암산로 48-6
등록 | 2008년 1월 25일 제2014-000178호
문의 | jbooks@joongang.co.kr
홈페이지 | jbooks.joins.com
네이버 포스트 | post.naver.com/joongangbooks
인스타그램 | @j__books

ⓒ 우리누리, 2011

ISBN 978-89-278-0106-1 14800
      978-89-278-0092-7 14800(세트)

- 이 책은 저작권법에 따라 보호받는 저작물이므로 무단 전재와 무단 복제를 금하며 책 내용의 전부 또는 일부를 이용하려면 반드시 저작권자와 중앙일보에스(주)의 서면 동의를 받아야 합니다.
- 책값은 뒤표지에 있습니다.
- 잘못된 책은 구입처에서 바꿔 드립니다.

주니어중앙은 중앙일보에스(주)의 어린이 책 브랜드입니다.